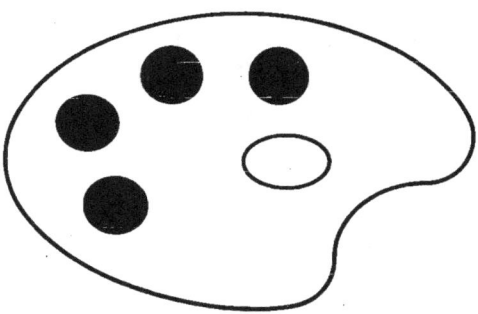

Original en couleur
NF Z 43-120-8

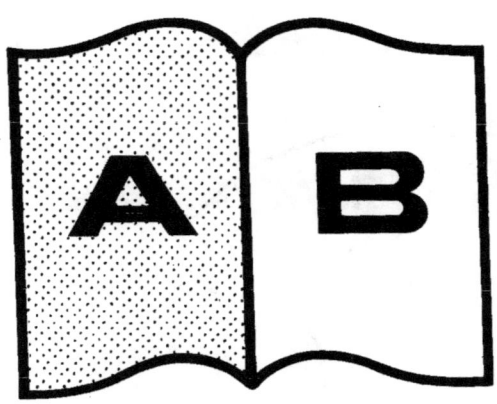

Contraste insuffisant
NF Z 43-120-14

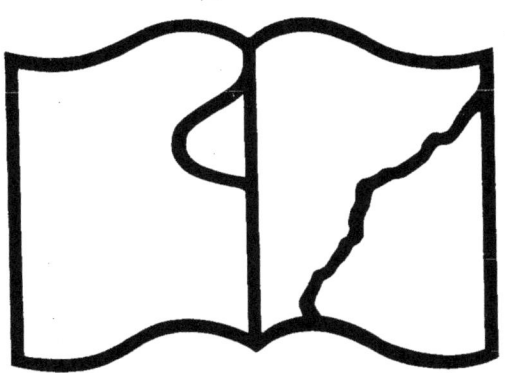

Texte détérioré — reliure défectueuse
NF Z 43-120-11

Reliure serrée

ŒUVRES CHOISIES DE PAUL DE KOCK

UN HOMME A MARIER

ŒUVRES CHOISIES

DE

PAUL DE KOCK

UN HOMME A MARIER

PARIS

JULES ROUFF, ÉDITEUR

14, CLOITRE SAINT-HONORÉ, 14

ŒUVRES CHOISIES DE PAUL DE KOCK

UN HOMME A MARIER

Tourloure, laisse-moi t'apprendre le latin.

CHAPITRE PREMIER

UN HOMME TRÈS SENSIBLE

Veuillez vous transporter d'abord dans un salon de restaurateur ; ce n'est pas Véry, ce n'est pas Véfour, ce n'est pas le café de Paris, ni le Rocher de Cancale ; c'est un petit restaurateur bourgeois sans prétention, sans importance, où l'on dîne passablement quand on est pas un *Lucullus* ou un *Brillat-Savarin*. Il n'y a point profusion de glaces, de lustres, de candélabres dans le salon : mais les tables sont presque toujours occupées : on ne vous y apporte point, quand vous avez dîné, un bol bleu avec de l'eau tiède et un rond de citron pour vous laver les mains et vous rincer la bouche (propreté que par parenthèse, je trouve fort sale), mais rien ne vous empêche de tremper le bout de vos doigts dans votre verre et de les essuyer avec votre serviette ; enfin, vous n'y voyez point des gens à équipage, vous n'y respirez pas un parfum de musc et d'ambre, mais vous y rencontrez des artistes, des auteurs, et vous y entendez rire et parler très haut. Après cela, c'est entre la Porte Saint-Denis et la rue du Temple : choisissez.

Il était près de cinq heures lorsque M. Girardière entra dans le salon du restaurant.

M. Girardière est un homme de quarante-neuf ans sonnés, qui voudrait bien n'en avoir que trente, et qui est décidé à faire tout ce qu'il faut pour cela. Ce n'est pas un bel homme, mais sa taille est moyenne, et pour dissimuler l'embonpoint qui commence à le gagner, il est toujours extrêmement serré dans ses habits; ce n'est pas un joli garçon, car ses yeux vert-gris sont ronds et bordés de rouge, ce qui leur donne un aspect fort singulier ; mais M. Girardière porte des besicles et ne les quitte jamais : son nez est trop aplati, son menton trop pointu et sa bouche trop grande, mais M. Girardière s'est composé avec tout cela une expression de physionomie très gracieuse, et et dont il ne sort pas, à moins qu'il ne lui arrive des événements extraordinaires. Enfin, c'est un homme qui est toujours fort soigné dans sa mise, et qui est surtout très fier de ne porter ni perruque ni faux toupet; à la vérité, ses cheveux d'un blond clair sont devenus fort rares sur le sommet de la tête, mais il a soin de tenir très longs ceux qu'il possède encore au-dessus des oreilles, et il les jette de côté avec assez d'adresse pour ombrager son front, qui devient d'une hauteur infiniment trop prolongée. Vous voyez d'après cela que M. Girardière est un homme qui a le désir de plaire : c'est qu'il possède un cœur très sensible, c'est qu'il adore le beau sexe, et que l'amour fut la principale occupation de sa vie.

Il y a bien peu de personnes qui n'aient connu ce sentiment et ne lui aient consacré de doux instants : celles même que d'autres passions dominent trouvent encore dans leur cœur une place pour aimer, car, ainsi que le dit Voltaire : *Il faut aimer, c'est ce qui nous soutient, et sans aimer il est triste d'être homme!*

Mais M. Girardière avait peut-être outré ce précepte. Dès son enfance il avait donné des preuves de son penchant à la tendresse : il attirait les oiseaux, il chérissait les chats, il pleurait huit jours l'absence de son chien. Puis, quand vint l'adolescence, il s'enflamma pour une bonne grosse fille de campagne, qui était cuisinière chez ses parents. Le petit Girardière était toujours fourré à la cuisine, il y apprenait son rudiment et pour avoir souvent affaire auprès de la grosse Tourloure (c'était le nom de la bonne) il s'était imaginé de lui apprendre le latin.

Pendant que Tourloure plumait un pigeon ou assaisonnait des épinards, le petit bonhomme la regardait de très près en lui disant :

— *Amo!* Tourloure, *amo tibi!*... Ah! voulez-vous conjuguer avec moi le verbe *amare*?

— Quoi donc... qu'est-ce que votre *amo*?... c'est-i-là celui où j'allions danser tous les dimanches à côté de chez nous?...

— Il n'est pas question de cela, je te parlerai je veux t'apprendre à dire : Je t'aime!... avec une langue morte.

— Laissez moi plutôt faire mes sauces...

— Cela ne l'empêchera pas... ô Tourloure !... *mulier mulieris !*...

— Tiens! pourquoi donc que vous m'appelez Mulier?... c'est pas mon nom, je m'appelle Tourloure Desmignart.

— C'est égal, tu es femme... Dieu ! les femmes.. Je voudrais *muliebre bellum gerere !*

— Ah ! mon Dieu ! est-ce que vous jurez ?...

— Tourloure, laisse-moi t'apprendre le latin.

— Laissez-moi donc, vous me ferez manquer mes sauces.

— Dis donc avec moi : *amo... amas... amat...* je t'embrasserai pour la peine...

— Par exemple! est-ce qu'un petit garçon de votre âge doit penser à embrasser les filles ?...

— Tu ne sais pas, toi, Tourloure, que: *Formosum pastor Corydon ardebat Alexin.*

— Non, je ne connais pas tous ces gens-là... mais je sais que si vous ne me laissez pas tranquille, mon rôti brûlera et vos parents me gronderont.

Pour les apaiser en leur apportant les pigeons, dis leur : *Jus hoc est cœna...* mon père ouvrira de grands yeux, et il sera dans l'enchantement.

— *Jus hoc...* Ah ! mon Dieu, j'aurais de la peine à me souvenir de ces mots-là.

Et tout en fricassant ses légumes, la grosse fille n'avait cessé de marmoter entre ses dents :

— Jus... hoc... jus... coq... c'est ça.

Puis, quand vint l'heure du dîner et que tout le monde fut à table, la grosse fille, en apportant son rôti, ouvrit une bouche énorme et se mit à crier : Jus... jus... Elle ne put en dire davantage; d'ailleurs la mère du petit Girardière l'interrompit en lui disant :

— C'est bon, Tourloure, il y a bien assez de jus comme cela.

Mais les pigeons étaient brûlés, les épinards trop salés, la crème manquée. On gronda vertement la cuisinière, et celle-ci, pour s'excuser, répondit :

— C'est la faute à M. votre fils ; il est sans cesse fourré dans ma cuisine, constamment derrière mon dos. Il veut m'apprendre le latin : c'est en voulant retenir les mots qu'il me dit que je manque mes ragoûts.

Comme les parents ne tenaient pas du tout à ce que leur bonne parlât latin, et qu'ils ne voulaient point faire de mauvais dîners, ils mirent Tourloure à la porte, et le petit Girardière fut obligé de jeter ses œillades d'un autre côté.

De tels commencements annonçaient une jeu

nesse bien adonnée aux plaisirs de l'amour; et cependant il n'en fut pas ainsi : c'est qu'il ne suffit pas d'être extrêmement sensible, de se passionner pour toutes les femmes qui ne sont pas absolument affreuses, il faut encore savoir plaire, séduire, avoir le don, ou l'esprit, ou le talent de faire des conquêtes, et c'est justement ce que M. Théophile Girardière ne possédait pas, malgré tout ce qu'il faisait pour cela.

A vingt ans, le jeune Girardière avait toujours cinq ou six passions dans le cœur. A peine avait-il le pied dans la rue qu'il y trouvait de l'occupation. Une femme un peu gentille, enveloppée dans un grand châle, venait-elle à passer, si par hasard elle levait les yeux sur lui, il se figurait qu'elle le remarquait, et c'en était assez pour que de son côté il en devint amoureux. Alors il suivait la dame au grand châle, il marchait presque sur ses talons, risquant quelques mots, quelques phrases qu'il croyait bien spirituelles, et qui n'étaient que sottes, comme presque toutes celles qu'on débite en pareille circonstance. On ne lui répondait pas, ou on le priait fort sèchement de passer son chemin; mais il tenait bon, suivait la dame, attendait dans la rue lorsqu'elle entrait dans une boutique, et ne la quittait qu'après l'avoir vue disparaître dans une maison; encore restait-il longtemps devant la porte pour s'assurer que la dame n'allait pas sortir de nouveau; présumant alors connaître sa demeure, il notait avec soin sur ses tablettes le numéro de la maison, puis s'éloignait en se disant :

— Je reviendrai souvent rôder par ici; je la verrai sortir, et je la suivrai. Voilà ce que Théophile Girardière appelait faire une conquête. De cette façon, l'homme le moins fait pour plaire peut se donner trois ou quatre conquêtes chaque fois qu'il mettra le pied dans la rue. Il ne faut pour cela qu'avoir du temps à perdre et de bonnes jambes.

Mais après avoir passé ses plus belles années à suivre des châles longs ou carrés, des capotes, et même des petits bonnets, sans pouvoir réussir à avoir quelques intrigues galantes, à être un homme à bonnes fortunes, Girardière, tout attristé du peu de succès de ses tentatives, résolut de changer de batterie et d'aller dans le monde, espérant y obtenir plus de succès que dans les promenades et les lieux publics.

Girardière avait quelque fortune : il ne lui fut pas difficile d'être admis dans beaucoup de maisons, invité à des bals, à des soirées de musique, de jeu, à des raouts même.

D'ailleurs Girardière était un homme bien élevé; il avait reçu une assez bonne éducation; ses manières étaient polies; ce n'était pas un homme absolument sot, et il eût peut-être été aimable sans cette malheureuse manie de vouloir inspirer de l'amour à toutes les femmes, manie que le temps augmentait au lieu de corriger, et qui se roidissait contre les revers.

Dans le monde, Girardière apporta ses œillades, ses prétentions et ses soupirs; la facilité de causer avec les dames qui lui plaisaient lui persuada qu'il arriverait plus vite au dénouement; qu'il lui serait bien plus aisé d'y former de tendres liaisons, et, voulant réparer le temps qu'il avait perdu, il n'avait pas été trois fois dans une maison, que déjà il y avait fait quatre déclarations d'amour.

Le pauvre Théophile se perdit par sa précipitation. En général les femmes n'aiment point les hommes qui se jettent à leur tête.

Il y a une manière de mener vite une intrigue, de ne point languir près d'une belle ; mais elle ne consiste pas à courir après toutes les femmes, à leur serrer à toutes les mains, et à les regarder fixement pendant des quarts d'heure comme si l'on avait des yeux d'émail.

On s'amusa des soupirs, des œillades et des déclarations de ce monsieur. Sa sensibilité, sa promptitude à s'enflammer passa en proverbe. Dans beaucoup de maisons on ne disait plus à table : Voilà un poulet bien tendre. On disait en riant : Voilà un poulet qui est bien *Girardière !* Et en France, à Paris surtout, où le ridicule est mortel, il eût suffi de ce mot pour empêcher que Théophile triomphât d'aucune femme.

Chaque soir, le pauvre garçon rentrait chez lui en se disant :

— C'est singulier... c'est bien extraordinaire que je ne puisse pas parvenir à être un mauvais sujet !... je fais cependant tout ce que je peux pour cela !... Mais les femmes me craignent... oh! je vois bien qu'elles me craignent... En me cédant, elles ont peut-être peur de m'aimer trop !...

Il restait à Girardière une consolation, de celles qui ne nous manquent jamais et vers lesquelles nous allons toujours chercher de l'adoucissement à nos ennuis; c'était une bonne mère qui l'aimait tendrement, qui trouvait à son fils toutes les qualités, toutes les perfections, et qui croyait que tout le monde devait penser comme elle.

Girardière demeurait avec sa mère, qui n'était plus jeune et sortait fort peu. Mais quand le soir il se disposait à se rendre dans le monde, la bonne maman lui disait en le regardant avec admiration :

— Tu vas dans quelque réunion?... en soirée?...

— Oui, ma mère.

— Ah! libertin!... comme tu t'amuses... comme tu t'en donnes! je gagerais que tu as des amourettes de tous les côtés...

— Ah! ma mère... quelle idée!...

Et Girardière souriait en répondant cela, puis il se regardait dans la glace, passait ses doigts dans ses cheveux, rajustait le col de son habit, tandis que la vieille mère continuait :

— Oh! tu n'en conviendras pas!... Mais, après tout, tu as raison... amuse-toi, mon garçon... profite de ta jeunesse... tu es assez joli garçon pour faire des conquêtes.

— Vous trouvez? répondait Théophile d'un air qui signifiait : Je suis parfaitement de votre avis.

— Si je le trouve... hum!... coquin!... tu dois bien savoir que j'ai raison; tout ce que je te demande, mon petit, c'est de ne point te lancer dans des aventures trop dangereuses... C'est que, vois-tu, tous les maris ne sont pas bien aises de... tu m'entends... et puis, ne rentre pas trop tard, je t'en prie, mon petit; les rues de Paris ne sont pas toujours sûres.

Girardière rassurait sa mère et s'en allait fort satisfait de ce qu'elle lui avait dit; il trouvait doux à son oreille d'être encore appelé *petit*, quoiqu'il devînt très gros; il aimait à entendre sa mère lui dire de profiter de sa jeunesse, quoiqu'il eût déjà trente-six ans; et, comme si cela l'eût effectivement rajeuni, il descendait alors son escalier en chantant, en faisant le gamin, quelquefois même il sautait hardiment trois marches à la fois; et tout cela, parce que sa mère l'appelait mon petit!

Mais, en dépit de l'opinion avantageuse que madame Girardière avait de son fils, celui-ci n'était pas plus heureux près des dames; ses triomphes se bornaient à quelques coups d'éventail; quelques marques bleues au bras étaient la récompense de ses témérités. Lorsqu'il avait été fortement pincé par la main d'une jolie femme, en rentrant chez lui Théophile s'empressait d'ôter son habit et de regarder son bras.

Puis il se disait :

— La marque y est!... oh! elle m'a pincé d'une force... elle veut apparemment que je porte de ses marques... Oh! la méchante!...

C'étaient là les seules faveurs dont M. Girardière pût se vanter.

Nous ne prétendons pas dire cependant que cet homme sensible était encore étranger aux douceurs de l'amour. Il avait eu quelques maîtresses, mais de celles qu'on ne peut pas mener dans le monde, et dont il n'y a pas moyen de citer la conquête. Avec de l'argent, des cadeaux, il avait eu l'avantage de conduire une dame au spectacle ou chez le traiteur; et ces jours-là il se serait bien gardé de prendre une voiture, il voulait être rencontré avec une dame sous le bras.

Dans ces liaisons légères, où le brûlant Girardière essayait encore de trouver de l'amour, il avait constamment joué de malheur ; lorsque, après quinze jours de connaissance, il se disait:

— Je crois que je suis aimé pour moi-même!... je crois qu'elle me serait fidèle même si j'étais pauvre, il recevait un petit billet dans lequel on lui marquait :

« Je suis bien fâchée de ne plus pouvoir continuer nos relations ; mais je dois penser à mon avenir, et un monsieur très comme il faut m'ayant offert un fort beau mobilier en acajou, je crois de mon devoir de l'accepter et de vous prier de ne plus vous présenter chez moi, ni même me parler quand vous me rencontrerez, vu que cela pourrait me compromettre. »

C'est fort désagréable de recevoir de semblables épîtres, surtout lorsqu'on commençait à se faire illusion sur le sentiment que l'on inspirait. Girardière froissait avec colère la lettre dans ses mains et la jetait à ses pieds en murmurant :

— Parbleu ! elle a aussi bien fait de m'écrire cela.... je ne pouvais plus la souffrir.... je ne l'ai même jamais aimée.... j'aurais rompu demain peut-être, elle m'évite cette peine... Femme sordide!... cœur intéressé!... elle me quitte parce qu'on lui offre de l'acajou et que je ne voulais donner que du noyer... Ah! fi!... fi!... ce n'est pas là de l'amour... ce n'est pas là ce sentiment que je désire inspirer, que je rêve depuis que j'ai un cœur... et l'âge de raison!... Je ne veux plus de ces femmes qui se vendent !... non, je n'en veux plus !... Comme dit ma mère, je suis fait pour inspirer des passions... pour tourner des têtes... Oh! si une femme savait tout ce que mon cœur peut contenir d'amour !... elle me dirait: Tu es l'homme idéal! l'amant modèle!... et elle m'ouvrirait ses bras. Malheureusement ces choses-là ne sont pas écrites sur notre visage.

Théophile Girardière recommençait alors à soupirer dans les salons ou à suivre les dames à la promenade. Mais le temps s'écoulait ; le temps !... ce vieillard impitoyable, qui n'écoute ni le riche, ni le pauvre, ni les princes, ni les prolétaires, ni les grands hommes, ni les sots ; qui est sourd aux prières de la beauté, aux larmes de la vieillesse, aux grâces de l'enfance !... Et, après tout, c'est fort heureux qu'il soit également inexorable pour chacun; car, s'il avait accordé ses faveurs à quelques personnes, il y a tout lieu de croire que ce n'est pas le vrai mérite qui les eût obtenues. On aurait intrigué près de lui, comme on intrigue près de tout ce qui est puissant.

Or donc, M. Girardière avait atteint, puis dépassé sa quarantaine ; il commençait à être fort près des cinquante, et quoique sa bonne vieille mère, dont la tête tremblotait, et qui n'y voyait guère même avec ses lunettes, continuât de lui dire :

— Profite de ta jeunesse, mon petit, amuse-toi.... libertin !... mais ne rentre pas trop tard !

Girardière s'apercevait que sa jeunesse faisait comme ses cheveux, qui s'en allaient et ne repoussaient plus, ce qui le menaçait d'être chauve malgré le soin qu'il avait, en se peignant, de ramener les mèches de derrière par-devant et d'y joindre celles des côtés : cela faisait encore illusion, surtout quand il n'était pas en plein air ; mais lorsque par hasard Girardière se trouvait nu-tête contre le vent, alors on voyait se relever, s'envoler les grandes mèches qu'il avait rassemblées avec soin, et tout le charme était détruit.

C'est alors que cet homme sensible, qui n'avait pas pu réussir à devenir un mauvais sujet, mais qui n'en conservait pas moins au fond de son cœur l'amour du beau sexe, le besoin d'aimer, c'est alors qu'il pensa à se marier.

Pendant longtemps Girardière avait plaisanté sur le nœud conjugal et s'était moqué des maris. Persuadé que sa vie de garçon serait une série d'intrigues, de bonnes fortunes, d'aventures piquantes, il s'était promis de la prolonger indéfiniment. Mais les événements n'avaient pas répondu à son attente, et, voyant qu'il ne pouvait pas attraper une maîtresse, il se résolut à prendre une femme.

Un beau matin donc, après avoir été souhaiter le bonjour à sa vieille mère, qui venait de se lever et de s'établir dans sa chaise longue où elle passait une partie de la journée, Girardière se mit à tousser plusieurs fois, il se promena dans la chambre, et, ayant ramené sur son front deux mèches de ses cheveux qui s'obstinaient à tomber sur le collet de son habit, il se rapprocha du fauteuil de sa mère et lui dit :

— Ma chère maman, il faut que je vous dise une chose...

— Voyons, mon petit, parle, je t'écoute... Tu vas peut-être me conter quelque aventure piquante dont tu es le héros... Eh ! eh ! mauvais sujet...

Girardière sourit et se caressa le menton ; cela lui faisait toujours grand plaisir de s'entendre appeler *mauvais sujet !* quoiqu'il sût fort bien qu'il ne l'était pas. Cependant il répondit :

— Non, chère maman, non, ce n'est pas de cela qu'il s'agit... C'est de quelque chose de beaucoup plus sérieux... de quelque chose de fort important même... enfin je vous dirai... qu'il m'est venu l'idée de me marier...

— Te marier !... toi !... dit la bonne vieille en poussant une exclamation de surprise. Ah ! bon Dieu !... mais qu'est-ce que c'est donc que cette idée-là... Te marier ! toi qui disais que tu voulais garder toujours ta liberté... toi qui es si heureux... qui t'amuses tant... qui fais tant de conquêtes !...

— Oui... je sais bien tout ça... mais on finit par se lasser de la vie de garçon... Tous ces amours de passage... c'est bien gentil certainement ; mais ça laisse un vide dans le cœur, au lieu qu'une femme, des enfants... qui vous caressent... cela vous fait connaître de nouvelles jouissances... Le titre de père de famille est certainement fort respectable, et, ma foi, j'ai envie de faire comme les autres.

— Tu te marieras si cela te plaît, je ne t'en empêcherai pas... mais rien ne te presse... tu as bien le temps...

Et la bonne vieille donnait avec sa main de légers coups sur les joues de son fils ; si elle en avait eu la force, elle l'aurait encore pris et fait sauter sur ses genoux. Pour elle, c'était toujours son petit Théophile, son Benjamin ; elle ne songeait pas que ce cher enfant était dans sa quarante-neuvième année ; elle ne le voyait pas vieillir et le trouvait toujours jeune et beau !... Doux effet de la tendresse maternelle ! C'est avec son cœur qu'une mère regarde ses enfants.

Mais Girardière, qui se voyait avec ses yeux, ne pouvait se dissimuler que sa jeunesse avait fui. C'est pourquoi il répondit à sa mère :

— Je vous le répète, je suis las de la vie de garçon, je me fais une idée charmante du bonheur que je goûterai dans mon ménage, près d'une femme qui m'adorera et vous comblera de petits soins, de prévenances. Ma foi, quand on est décidé à faire une chose, il me semble qu'il est inutile de la reculer.

— Eh bien ! mon petit, s'il en est ainsi, marie-toi... Prends une compagne... prends-la bien gentille, bien aimante... qu'elle ait bien soin de mon petit Théophile... Oh ! dame ! tu vas en trouver plus que tu n'en voudras, des femmes !... Mais sois difficile dans le choix que tu feras... Est-ce que tu as déjà quelqu'un en vue ?

— Non, chère maman, je n'ai encore personne en vue... mais je pense comme vous que je vais avoir seulement l'embarras du choix... J'ai mille écus de revenus... J'en avais davantage ; mais je n'ai pas été heureux dans les spéculations auxquelles je me suis livré ; enfin, mille écus de rentes, c'est encore assez joli ; et quand on joint à

cela un physique qui n'a rien de défectueux...
— Tu dois trouver une femme qui t'apportera cent mille francs au moins, mon cher enfant.
— Vous croyez... oui... cent mille francs... ça ne fait jamais que cinq mille livres de rente... mais, après tout, quand je trouverai ce qui me conviendra, je ne tiendrai pas à quelques mille francs de plus ou de moins. Par exemple, je veux une jolie femme... Oh! je veux une femme excessivement jolie !...
— Tu as bien raison. D'ailleurs, quand on est beau garçon comme toi, on a le droit d'être difficile. Oh! mauvais sujet!... quand on va savoir dans le monde que ton intention est de te marier, tous les pères, toutes les mères vont te faire la cour ; mais je te le répète, mon petit, ne te presse pas.

Girardière était persuadé qu'il trouverait un grand nombre de partis, parce qu'en effet, dans le monde, les maris étant plus rares que les amants, ceux qui s'annoncent avec la courageuse intention de prendre une femme sont d'ordinaire très recherchés. Et il se disait :

— Je n'ai pas eu de bonnes fortunes parce que le hasard ne m'a pas servi ; mais quand je vais dire : Je veux me marier, oh! ce sera bien différent! toutes les demoiselles, toutes les veuves me feront des agaceries.

Théophile ne se disait pas :
— J'ai bientôt cinquante ans, je suis presque chauve, j'ai la figure chiffonnée, les yeux bouffis et la patte d'oie ; je ne suis pas spirituel, je n'ai aucun talent d'agrément et je suis pétri de prétentions. *Bridoison* prétend que ce sont de ces choses que l'on se dit à soi-même : moi, je crois que peu de gens se font de tels aveux.

CHAPITRE II

UN HOMME A MARIER

Voilà donc Théophile Girardière qui se présente dans le monde avec une nouvelle confiance ; qui lorgne les jeunes personnes d'une façon beaucoup plus significative, et, négligeant toutes les dames qui ne sont pas libres, va faire des yeux langoureux et de tendres soupirs près de celles qui le sont.

Bientôt la nouvelle s'est répandue, car les nouvelles vont vite dans le monde, parce que chacun se charge de les propager : M. Girardière cherche une femme, M. Girardière veut se marier.

Voilà ce qui se dit tout bas quand il est là, tout haut quand il n'y est point.

Et cette nouvelle apporte en effet du changement dans la conduite de beaucoup de personnes à son égard. Les jeunes filles font attention à lui, ce qu'elles ne faisaient point auparavant : elles le regardent en dessous, elles chuchotent entre elles quand il entre dans un salon ; mais l'examen ne semble nullement favorable à M. de Girardière.

Toutes les jeunes personnes se disent :
— C'est ce monsieur-là qui veut se marier !
— Je n'en voudrais pas, moi.
— Ni moi.
— Il est vieux, il est laid, il a l'air bête !..
Une ou deux ajoutent :
— Ah! cependant, s'il était bien riche !...
— Mais non, il n'est pas bien riche !...
— Il a déjà dit qu'il ne donnerait pas de cachemire à sa femme...
— Ni de voiture, ni de diamants : alors?
— Cela va sans dire... C'est un homme qui ne voudra pas qu'on sorte, qu'on aille beaucoup au bal, de peur de dépenser de l'argent.
— Et puis, s'il conduit sa femme au spectacle, il la mènera à la seconde galerie !... Ah! comme ce serait galant!

Et toutes ces petites filles rient; mais, comme les mamans regardent de leur côté en leur lançant des regards sévères, elles se pincent les lèvres et se font des mines pour cacher et contenir leur humeur moqueuse.

Girardière, qui ne se doute pas qu'on puisse rire à ses dépens, s'approche du cercle des jeunes filles en souriant, en se dandinant, en faisant rouler ses yeux sous ses besicles. Il s'appuie sur le dos d'une chaise, et dit en traînant ses paroles comme s'il eût craint qu'on ne l'entendît pas assez :

— Eh bien! mesdemoiselles... vous ne. faites rien ?...

Mlle Astasie, qui est une des plus délibérées du petit cercle, répond en se pinçant les lèvres :
— Qu'est-ce que vous voulez que nous fassions, monsieur?

Girardière semble tout étonné de cette réponse, et, après y avoir réfléchi, se met à dire :
— Ah! moi, je ne veux rien du tout!... je pensais seulement que vous pouviez vous ennuyer de ne rien faire...
— Nous ne nous ennuyons jamais, monsieur ! n'est-ce pas, mesdemoiselles?
— Certainement ! il y a toujours tant de choses à regarder dans un salon... tant d'observations à faire!
— Ah! vous observez, mesdemoiselles !...
Diable! mais ceci n'est pas donné à tout le monde!

Cela demande certain tact, certaine profondeur dans l'esprit!...

— Et cela vous étonne que nous puissions observer, nous, monsieur?

— Mesdemoiselles, ce n'est pas du tout ce que je veux dire... je vous prie de croire que... bien au contraire... je suis porté à penser généralement que...

— Je crois que monsieur ne sait pas trop ce qu'il pense de nous, dit une petite brune en ricanant.

— Elles sont pétries d'esprit! s'écria Girardière en se retournant vers un jeune homme qui est près de lui.

Le jeune homme s'éloigne avec humeur sans avoir l'air de l'entendre, parce qu'il est fort amoureux d'une des demoiselles de la société, et qu'il craint que Girardière ne veuille l'épouser.

— Jouons aux petits jeux, dit une des demoiselles, et la vive Astasie répond :

— Ah! oui, jouons aux petits jeux!

Et elle ajoute à voix basse :

— Si ce monsieur vient jouer avec nous, il faudra nous moquer de lui sans qu'il s'en doute. Oh! ce sera bien amusant!

Ce que les jeunes personnes ont prévu arrive en effet. Girardière se dit :

— Voilà une excellente occasion de causer, de faire plus ample connaissance avec ces demoiselles... aux jeux innocents on rit, on badine, on se permet mille petites choses... qui dévoilent le caractère.

Puis Théophile s'écrie :

— Mesdemoiselles, si vous le permettez, je me mêlerai aux petits jeux... je suis très fort à *pigeon vole* et à la *main chaude*... et je sais de très jolies pénitences.

— Eh bien! monsieur, venez jouer avec nous; nous ne demandons pas mieux.

Les jeunes personnes agrandissent leur cercle pour faire place à ce monsieur qui veut jouer aux jeux innocents. Cependant Girardière n'est point le seul homme admis dans le petit cercle; il y a quelques jeunes gens qui du moins sont là à leur place, car ils ne dépassent point vingt-cinq ans; notre vieux jeune homme les regarde, il ne peut se dissimuler que du côté de l'âge l'avantage est beaucoup de leur côté, et qu'il y aurait plus de parité entre ces messieurs et ces demoiselles; mais il se dit :

Tous ces jeunes gens-là ne songent point à se marier!... et voilà en quoi maintenant je l'emporte de beaucoup sur eux!

— A quoi, allons-nous jouer? Voilà toujours ce que l'on se dit avant de se livrer aux jeux innocents.

Chacun propose un jeu, Girardière penche pour *pigeon vole* ou *berlingue et cliquette*, et il propose de lever le doigt ; mais les jeunes personnes ont d'autres projets, elles veulent mettre quelqu'un sur la sellette : c'est d'abord la vive Astasie qui s'y place, puis une jolie blonde, puis une blanche fille au teint pâle et à l'œil mélancolique. Pour chacune de ses demoiselles, Girardière a dit de manière à être entendu :

— Mademoiselle est sur la sellette par ce qu'elle est remplie de grâces.

Si bien qu'un jeune homme ne peut s'empêcher de s'écrier :

— Il paraît que monsieur ressemble à *M. Beaufils*, il ne sort pas de là.

Girardière, qui ne connait pas la pièce que l'on jouait à l'Odéon (quand il y en avait un), est sur le point de se formaliser de la réflexion du jeune homme; mais en ce moment on vient lui annoncer que c'est à son tour d'être sur la sellette, et il accepte avec joie.

— Que vont-elles dire de moi?... c'est ce que pensait Girardière tout en se tenant sur la sellette, tandis que mademoiselle Astasie recueillait, en riant beaucoup, ce qu'on la chargeait de rapporter à la personne qui faisait pénitence.

Pour tâcher de se rendre ses juges favorables, Girardière, après s'être assuré avec sa main gauche que ses mèches de derrière étaient bien sur le devant de sa tête, se caressait le bas de la jambe avec sa main droite, puis arrêtait tour à tour ses regards sur chacune des jeunes filles en les reposant plus longtemps sur les plus jolies.

Il se disait en lui-même :

— Je n'ai pourtant que l'embarras du choix dans tout cela... les parents aiment à marier leurs filles: je suis bien certain que je n'aurai qu'à me déclarer... et quant à ces petites, elles m'accepteront... Oh! elles m'accepteront sans balancer... elles désirent tant d'être appelées *madame* et porter un bouquet de fleurs d'oranger... elles vont, j'en suis sûr, me dire des choses gentilles pour que sois bien disposé en leur faveur.

En ce moment, mademoiselle Astasie avait achevé de recueillir les voix. Elle s'approche de Théophile Girardière et lui dit en parlant bien haut et prononçant très-distinctement:

« Monsieur... vous êtes sur la sellette parce que vous avez un gros nez!..

« Vous êtes sur la sellette parce que vous êtes chauve.

« Vous êtes sur la sellette parce que vous avez de grandes oreilles.

« Vous êtes sur la sellette parce que vous avez l'air d'un magot de Chine.

« Vous êtes sur la sellette parce que vous auriez besoin d'une perruque.

« Vous êtes sur la sellette parce vous n'êtes pas beau. Enfin, vous êtes sur la sellette parce que vous n'êtes pas jeune..! C'est tout. »

Un peintre qui aurait croqué la figure de Girardière pendant que la jeune personne parlait y aurait aperçu de bien singulières grimaces. Le pauvre garçon voulait tâcher de rire; mais à chaque chose que l'on ajoutait, une légère contraction agitait sa physionomie; son nez se pinçait, son front se plissait; tous les mouvements nerveux qu'il éprouvait et voulait cacher tournaient en dépit le sourire qu'il s'efforçait de conserver.

Une des demoiselles eut pitié de lui et lui dit:

— Monsieur vous savez qu'on se permet tout ce qu'on veut à ce jeu-là... et comme on sait que c'est pour rire, on ne s'en fâche jamais.

— Aussi, mademoiselle, vous devez bien voir que je suis loin de m'en fâcher... par exemple... tout cela est très drôle... très spirituel!...

— Devinez donc, monsieur.

— Oh! non... je ne pourrais jamais deviner... je confonds tout...

— Voulez-vous que je répète, monsieur? s'écrie la vive Astasie en s'avançant.

— Non, mademoiselle, je vous remercie!... c'est inutile... je ne suis pas fort du tout à ce jeu-là...

Girardière commençait à ne plus trouver si gentils les jeux innocents. Cependant on propose de donner des gages, de faire la tente encore, parce qu'il dit : On va s'embrasser; c'est beaucoup plus amusant que la sellette? j'ai eu les ennuis d'un jeu, il faut avoir les bénéfices d'un autre.

Bientôt, en effet, on ordonne le *portier du couvent*, le *baiser à la capucine*, le *voyage à Cythère*, le *baiser caché* et autres pénitences du même genre. Un monsieur qui, ne jouant pas à tout cela, se contentait de regarder assis tranquillement dans un coin du salon, ne peut s'empêcher de dire à son voisin :

— Si j'ai jamais une fille, elle ne jouera plus aux jeux innocents quand elle aura passé dix ans.

— Pourquoi cela?

— Parce que je ne trouve rien de plus indécent et de plus inconvenant, de plus dangereux pour des demoiselles bien élevées que tout ce commerce de baisers, de confidences, de cachettes avec les jeunes gens dans des chambres noires ou derrière les rideaux; et ce que je ne puis concevoir, c'est que la plupart des parents de ces jeunes personnes ne voudraient point les mener aux spectacles, de crainte qu'elles n'y entendissent des mots trop lestes ou ne vissent représenter des sujets trop égrillards. Pauvres gens! que vous êtes sots avec vos précautions! que vous raisonnez faussement et lisez mal dans ces jeunes cœurs! Quand votre fille ou votre nièce aura ri, pensez-vous pour cela qu'elle en rêvera la nuit, qu'elle y songera encore le lendemain? Non, le rire est un bonheur, un plaisir du moment qui ne laisse après lui aucune trace dangereuse... Le rire n'est point criminel, car il ne se cache pas. On ne devient pas amoureux en riant, on ne soupire pas après avoir entendu un mot un peu gai. Mais ces serrements de mains, ces mots que l'on se dit à l'oreille, ces baisers que l'on prend en cachette, ces demi-aveux qu'on reçoit derrière un rideau; ah! voilà ce qui fait penser, ce qui fait rêver les jeunes filles; voilà ce qu'il fallait éviter, et ce qui est beaucoup plus dangereux qu'un vaudeville, même ceux où Déjazet joue si bien !

Ce monsieur parlait encore que Girardière était depuis très longtemps contre la porte d'un cabinet, où on l'avait condamné à faire le *portier du couvent;* il voyait tout le monde entrer dans le petit cabinet, tout le monde s'embrasser, et il restait toujours là; cela menaçait de se prolonger indéfiniment, et devenait aussi peu flatteur pour lui que le jeu de la sellette.

Enfin, une bonne dame de la société, mère d'une jeune fille, fut touchée de la situation de ce monsieur qui restait en faction contre une porte; elle s'avança d'un pas déterminé, entra sans façon dans le cabinet, puis en sortit à moitié en s'écriant :

— J'appelle le portier!

Girardière se retourna et embrassa cette dame avec beaucoup d'effusion, puis il s'éloigna du jeune cercle et fut se mêler à la société raisonnable. Il avait assez des jeux innocents.

CHAPITRE III

UNE DEMANDE

Cependant, quelques jours plus tard, Girardière, après avoir fait une toilette soignée, se présentait chez d'anciens négociants fort à leur aise, dont la fille avait dix-huit ans, de beaux yeux noirs, une petite bouche, une petite main et un petit pied; mais qui ne passait pas pour être très spirituelle.

Après une conversation assez insignifiante, comme cela arrive souvent entre gens qui sont nuls des deux côtés, Girardière aborda enfin la question, et, d'un ton qui ne manquait pas d'assurance, dit :

— Monsieur Grandvillain, depuis quelque

Non, mon cher monsieur, vous n'épouserez pas ma fille.

temps vous avez dû entendre dire que j'ai formé la résolution de me marier.

M. Grandvillain (c'était le père de la demoiselle) fait un signe de tête négatif, puis, se tournant vers sa femme qui caressait un petit épagneul qu'elle tenait sur ses genoux, lui dit :

— Ma bonne, as-tu entendu dire que M. Girardière voulût se marier?

La dame relève la tête, cherche derrière elle pour trouver son mouchoir, prend sa tabatière sur la cheminée, et répond enfin :

— Azor ne mange pas depuis hier; il refuse même du sucre qu'il aimait tant; je crains qu'il ne soit indisposé.

M. Grandvillain, qui voit sa femme tout occupée, de son chien ne croit pas nécessaire de recommencer sa question, et il se met à tisonner son feu.

Girardière juge convenable de poursuivre son discours.

— Oui, monsieur Grandvillain, je désire me marier, je renonce aux folies de la vie de garçon, et je veux désormais ne plus m'occuper que de ma femme et des enfants que le ciel m'accordera sans doute : ce doit être pour l'homme la plus douce félicité!...

M. Grandvillain continuait de tisonner son feu, comme quelqu'un à qui tout cela était fort égal.

Madame Granvillain avait reporté ses regards sur Azor; elle n'écoutait plus ce qu'on disait.

Girardière, enchanté de la manière dont il vient de commencer son discours, passe le bout de sa langue sur ses lèvres, et relève fièrement la tête en ajoutant :

— Maintenant, monsieur Grandvillain, j'arrive au but de ma visite... but que vous avez pressenti sans doute.

M. Grandvillain fait encore un signe de tête négatif.

— Je vais donc m'expliquer : Vous avez une fille charmante, monsieur Grandvillain ; c'est un modèle de grâce et de beauté... aimable, instruite, bien élevée... enfin je ne saurais dire plus juste qu'en la comparant à madame sa mère...

— Il faut lui mettre un emplâtre sur le dos, dit madame Granvillain en passant la main sur l'oreille de son chien.

Girardière s'arrête un moment d'un air étonné ; mais il se remet et continue :

— Je n'ai pu voir tant d'attraits sans en être touché... sans éprouver cette flamme pure et honnête qui convient à un homme qui veut devenir père de famille. Enfin, monsieur Grandvillain, je viens vous demander la main de mademoiselle Héléna, votre fille.

M. Grandvillain lâche un tison qu'il tenait alors dans le bout de ses pincettes, et se tournant vers Théophile, lui dit :

— Vous me demandez la main de ma fille, et pour qui?

Cette question prouvait que le vieux monsieur n'avait pas bien écouté ce qu'on venait de lui dire, ou qu'il avait mal compris; Girardière trouve cela singulier, et il se hâte d'ajouter :

— Pour moi, monsieur; pour moi-même, Théophile Girardière. Vous me connaissez depuis assez longtemps pour savoir ce que je vaux... Je crois inutile de vous faire mon éloge; mais j'ose vous assurer que je ferai le bonheur de votre charmante fille.

M. Grandvillain pince sa bouche, en avançant sa lèvre inférieure, ce qui donne à toute sa physionomie une expression peu flatteuse pour ceux qui attendent une réponse. Le vieux monsieur reprend avec la pincette le tison qu'il avait abandonné un moment et répond par monosyllabes :

Ah! vous voulez... épouser... notre fille... ah! ah!... Jeannette, apportez-moi une bûche...

La domestique entre et apporte ce que son maître vient de lui demander. M. Grandvillain se remet à faire son feu en marmottant à demi-voix :

— Vous voulez... épouser... notre fille... Il faut de l'air là-dessous... ou ça ne brûlera pas...

— Ce qu'il y a de certain, se dit Girardière en lui-même, c'est que voilà des parents bien ennuyeux! mais leur fille est riche, jolie et bien faite. Il faut passer là-dessus... une fois marié, je laisserai le papa tisonner son feu, et la maman caresser son chien tout à son aise.

— Bobonne, dit M. Grandvillain au bout d'un assez long intervalle de temps, voilà M. Théophile Girardière que nous connaissons depuis vingt-cinq ans, qui nous demande la main de notre fille.

Bobonne pousse un profond soupir et répond :

— Si on lui faisait un peu de pâtée avec du blanc de volaille, il en mangerait peut-être!...

Girardière frappe du pied avec dépit ; cela fait peur au chien qui se met à aboyer; madame Grandvillain pousse les hauts cris; elle est sur le point de pleurer; elle regarde d'un air courroucé celui qui vient de faire peur à Azor, et lui dit d'un ton bien sec :

— Monsieur, pourquoi frappez-vous du pied comme cela!... c'est fort ridicule... on ne frappe pas du pied dans un salon... Azor n'est point habitué à cela; vous l'avez effrayé, ce pauvre mignon... son poil s'en est rebroussé... lui qui est déjà malade!... c'est capable de lui faire beaucoup de mal!...

Girardière sent bien qu'il vient de commettre une faute ; son mouvement d'impatience peut lui coûter cher; afin de réparer sa bévue, il se hâte de s'écrier :

— Ah! madame je suis désolé... désespéré... c'est une crampe qui m'a pris... Ce joli petit chien!... je lui ai fait peur... Oh!... pauvre petit... ce n'était pas mon intention... il a une queue superbe!...

Et Théophile avance la main pour caresser Azor; mais le chien se met à grommeler sourdement, et madame Grandvillain recule sa chaise en disant :

— Laissez-le, monsieur, laissez-le... il ne vous aime pas... cela se voit bien... Ne vous approchez pas... vous le faites grogner...

Girardière s'éloigne d'un air soumis, et, se rapprochant du maître de la maison, lui dit :

— Vous n'avez pas répondu à ma demande relativement à votre charmante fille... Que dois-je en conclure?

— Mon cher monsieur, j'y réfléchis... vous êtes un peu âgé pour notre enfant.

— Je n'en serai que plus sage, plus empressé de lui plaire.

— Vous ne possédez pas une grande fortune.

— Avec ce qu'elle m'apportera ce sera suffisant pour nous deux. Je ne suis pas ambitieux!

— Vous ne lui plairez peut-être pas.

— J'ose espérer le contraire.

— Alors nous verrons... Moi je ne m'y opposerai pas... Je connais depuis longtemps votre famille ; je sais que vous êtes un galant homme... et comme ma fille est fort raisonnable, il est possible que vous ne lui déplaisiez pas.

Girardière est au comble de la joie ; il se jetterait volontiers dans les bras de M. Grandvillain ; mais comme celui-ci tient alors un tison au bout de ses pincettes, il réprime ses transports, de crainte de commettre encore quelque bévue.

En ce moment mademoiselle Héléna entre dans le salon : c'était une jeune fille douée de ces heureux caractères que rien n'afflige, que rien ne tourmente ; gaie, sans soucis, peu sensible, n'ayant jamais senti son cœur battre pour personne, elle ne songeait qu'aux plaisirs du moment, ne donnant aucun souvenir à la veille, aucune pensée au lendemain. Elle était jolie, et le savait, parce qu'on le lui avait répété souvent ; mais elle n'était point coquette, parce qu'elle se souciait peu de plaire plus à l'un qu'à l'autre. Un jeune homme qui la regardait en soupirant lui donnait envie de rire ; quand on lui prenait la main, elle s'écriait : Vous me faites mal ! Quand on lui marchait sur le pied elle se fâchait. Il y avait des personnes qui prétendaient que mademoiselle Grandvillain était fort bête ; mais en tout cas l'expression de niaiserie que l'on trouvait à ses beaux yeux pouvait encore ajouter à leur charme, surtout dans un siècle où les femmes niaises sont si rares.

Avec un tel caractère, on prend un mari jeune ou vieux, beau ou laid, sans y faire attention ; on se marie pour avoir une toilette de mariée, pour changer la situation, avec cette joie qu'éprouvent les enfants lorsqu'on leur annonce qu'on va déménager, et sans s'inquiéter de ce qui s'ensuivra.

Mademoiselle Héléna est entrée dans le salon en chantant, en sautillant ; elle va embrasser sa mère, caresse Azor, puis va prendre son père par la tête, et l'embrasse sur le front. Girardière s'est levé, il fait à la jeune personne un profond salut accompagné d'un sourire qu'il prolonge indéfiniment. Pendant ce temps, M. Grandvillain a fait un signe à sa fille : elle se penche vers lui, il lui parle à l'oreille, et notre homme à marier se dit :

— Je gage que le papa lui parle de moi.

En effet, mademoiselle Héléna a levé les yeux un moment pour regarder Théophile qui a pris une pose romantique, puis elle éclate de rire, mais ensuite elle dit à demi-voix :

— Ah ! mon Dieu, cela m'est égal, à moi... autant ce monsieur-là qu'un autre !... avec les besicles... ça m'amusera d'avoir un mari à besicles... Eh bien ! mariez-nous, mon papa, il y a longtemps que j'ai envie d'aller à une noce... Oh ! mariez-moi... ça fait qu'on m'appellera madame !...

Et mademoiselle Héléna s'éloigne et sort du salon en sautillant, reprenant la chanson qu'elle fredonnait en arrivant et avait quelque peine à chanter juste.

Girardière n'a pu entendre ce que la jeune personne a dit à son père ; mais il lui semble que sa gaieté était d'un favorable augure ; aussi se rapproche-t-il de M. Grandvillain.

— J'ai parlé de vous à ma fille, dit le vieux monsieur en reprenant les pincettes.

— Eh bien, sa réponse ?...

— Eh bien, je n'ai rien de désagréable à vous annoncer... Elle ne vous hait point.

— Il se pourrait !... Quoi ! mademoiselle Héléna me trouve à son goût ?...

— C'est-à-dire... elle vous trouve... Jeannette ! une bûche... Elle vous prendrait pour mari... assez volontiers... Une bûche ronde, Jeannette.

— Ah ! monsieur !... que vous me rendez heureux !

Et Girardière, dans l'excès de sa joie, recule sa chaise brusquement pour sauter sur la main du vieux monsieur, et la chaise, repoussée trop vivement, tombe en arrière, et le petit épagneul se met de nouveau à aboyer ; et la vieille dame s'écrie :

— En vérité, monsieur, il semble que vous le fassiez exprès ; avez-vous donc résolu la mort de mon chien ?... Ce pauvre Azor, il allait s'endormir... et vous l'avez fait tressauter... il couche ses oreilles... il ne sait plus où il en est... Voyez comme sa queue frémit !

Girardière ramasse la chaise d'un air confus et balbutie de nouvelles excuses ; il veut ensuite reprendre la conversation avec M. Grandvillain ; mais celui-ci a envie de faire sa sieste habituelle, et il congédie Théophile en lui disant :

— Revenez me voir dans quelques jours... je causerai avec ma femme... nous vous donnerons une réponse définitive.

Girardière s'incline, salue jusqu'à terre madame Grandvillain et son chien, se recommande de nouveau au vieux monsieur, et s'éloigne le cœur rempli d'espérance, car du moment qu'il convient à la demoiselle, il lui semble que le plus fort est fait, et que le reste doit aller tout seul.

Il rentre chez lui ivre de joie, se regarde dans une glace, se figure que ses cheveux ont repoussé, et chante à sa vieille mère :

« Oui, c'en est fait, je me marie... »

— Est-ce que ton choix est fait, mon petit ?

— Oui, chère maman, je me suis présenté aujourd'hui, j'ai fait ma demande, j'ai sur-le-champ convenu à la jeune personne, d'où je conclus qu'à ma prochaine visite on me dira : Elle est à vous.

— Tu as été bien vite, mon garçon ; tu aurais dû te donner le temps de choisir.

— Je ne me repens pas de mon choix ; mademoiselle Héléna Grandvillain est jolie... fort jolie... et un air spirituel... sémillant... malin... Oh ! je suis sûr qu'elle pétille d'esprit !... Avec cela, au moins cent vingt mille francs en mariage, sans compter les espérances... il me semble que je dois être satisfait.

— Mais, mon petit, elle sera bien heureuse aussi celle qui t'aura pour mari... comptes-tu cela pour rien ?

— Chère maman, vous me flattez un peu, je crois.

— Je te dis que tu es charmant... je te connais bien peut-être ? c'est moi qui t'ai fait !

Girardière laisse deux jours s'écouler ; mais le troisième, ne résistant plus à son impatience, il se met tout en noir, puis se rend chez M. Grandvillain.

Le vieux monsieur était encore au coin de son feu ; mais sa femme n'était pas là, et Théophile se présenta avec plus de fermeté et demanda au père d'Héléna s'il pouvait se flatter qu'il le nommerait bientôt son fils.

— Mon cher monsieur Girardière, dit M. Grand-Villain en jouant avec la pincette, moi, vous me convenez assez... je sais que vous êtes un parfait honnête homme... et puis votre âge raisonnable me semblait pour mon Héléna une garantie de sûreté. Vous ne déplaisez pas à ma fille, qui, du reste, aime tout le monde... c'est bien la meilleure enfant que je connaisse...

— D'après cela, monsieur, je puis donc espérer ?...

— Non, mon cher monsieur, vous n'épouserez pas ma fille... J'en suis fâché, mais mon épouse vous refuse sa main, parce que vous avez deux fois effrayé son chien, et que vous déplaisez beaucoup à Azor.

Girardière reste pétrifié ; il se croyait si certain d'être agréé, qu'il est plus cruellement mortifié du refus qu'il reçoit. Enfin il s'écrie, d'un air mécontent :

— Comment, monsieur... c'est à cause du chien... que l'on me refuse pour gendre !...

— Oui, mon cher ami...

— Mais, monsieur... un homme mérite, ce me semble, plus de considération qu'un épagneul !

— Ah !... que voulez-vous, ma femme aime beaucoup son chien...

— Je l'aurais aimé aussi, moi, monsieur.

— Mais il ne vous aime pas, lui.

— Peut-être qu'avec du temps et des gimblettes...

— Je vous ai rapporté la réponse de ma femme. Quand elle a décidé une chose, elle ne revient jamais dessus ; ainsi, prenez votre parti...

— D'honneur, monsieur... je ne puis croire que pour une cause si légère...

— Dans ce monde, mon cher ami, il n'y a point de causes légères... maintenant un chien ou tout autre animal serait capable de faire une révolution !...

— Ainsi, si j'avais plu à l'épagneul de madame votre épouse...

— Vous auriez été mon gendre, il n'y a pas le moindre doute.

— C'est fort désagréable, et je ne croyais pas que mon alliance dépendrait du caprice d'un chien !...

— Adieu, mon cher monsieur... Jeannette, apportez-moi une bûche... un gros rondin, Jeannette.

Girardière quitte M. Grandvillain avec beaucoup d'humeur. Il s'éloigne en enfonçant son chapeau jusque sur ses sourcils, et dans l'escalier frappe du pied avec colère en se disant :

— Ah ! maudit Azor !... si je te tenais... tu japperais pour quelque chose.

Avoir manqué un excellent parti, une jeune et jolie femme, parce qu'on a déplu à un épagneul, c'est extrêmement mortifiant, surtout lorsqu'on pensait n'avoir qu'à se présenter pour triompher.

Pendant quelques jours, Girardière a de la peine à surmonter le dépit que lui a causé cette aventure ; mais enfin il se console en se disant :

— Ceci est un accident qui ne se renouvellera pas !... je ne trouverai pas partout des belles-mères folles de leur chien, des femmes aussi ridicules, aussi méchantes que cette madame Grandvillain !... Cherchons-nous un autre parti, portons nos vues ailleurs !... Après tout, parce qu'on m'a refusé une fois, ce n'est pas encore le cas de dire avec Catulle : *Lugete, Venus, Cupidinesque !...*

M. Girardière se souvenait encore un peu du latin que, dans son adolescence, il voulait enseigner à la grosse Tourloure.

CHAPITRE IV

TROP PAUVRE

Et quelques semaines après, M. Girardière, toujours habillé en noir, la botte bien cirée, et comme pour aller au bal, allait faire une visite à M. Duhaucourt : celui-ci était un particulier qui avait une grande fortune, après avoir passé sa vie à faire des entreprises qui toutes avaient manqué. Mais les actionnaires seuls y avaient perdu, et, ainsi que nous le voyons tous les jours, après une suite non interrompue d'affaires malheureuses et plusieurs déclarations de faillite, M. Duhaucourt s'était trouvé fort à son aise et se montrait hardiment dans les cercles, dans les réunions, levant la tête aussi haut qu'un honnête homme, et plus peut-être ; car les honnêtes gens n'ont pas pour habitude d'avoir l'air impertinent et de faire de l'embarras : ceci est l'apanage des fripons, il ne faut pas le leur envier.

Mais ce M. Duhaucourt avait une fille assez jolie et qui devait être fort riche, cela faisait fermer les yeux sur les antécédents peu flatteurs pour monsieur son père. Du reste, le monde est généralement fort tolérant pour les personnes riches, et il ferme les yeux volontiers quand on lui offre des dîners, des bals, des thés et autres babioles de ce genre, sans lesquels il mourrait d'ennui.

Girardière avait fait comme les autres ; peu soucieux de quelle manière M. Duhaucourt avait amassé sa fortune, il résolut de lui demander la main de sa fille, et c'était dans cette intention qu'il s'était mis en noir et se présentait chez lui.

On l'introduisit dans un magnifique salon : là, il trouva le maître du logis enveloppé dans une robe de chambre en étoffe de Perse, les pieds dans de larges pantoufles doublées en peau de renard, la tête enveloppée dans un foulard de Bruxelles, et qui, assis ou plutôt couché sur un divan, ressemblait à un pacha ennuyé de son harem.

M. Duhaucourt connaissait Girardière pour l'avoir souvent rencontré dans des salons de Paris, et lui avoir fait prendre quelques actions dans une de ses entreprises qui avait eu le même résultat que les autres ; mais il le croyait riche parce que celui-ci avait eu la politesse de ne jamais lui demander ni dividende ni intérêt de son argent.

Aussi en l'apercevant daigna-t-il se lever à demi de dessus son divan et lui tendre la main en s'écriant :

— Eh ! bonjour, cher ami... enchanté de vous voir... prenez donc un siège... Pardon si je vous reçois en négligé, mais je me suis couché si tard... hier nous avons bouillotté jusqu'à cinq heures du matin, la partie était assez intéressée... on se faisait le billet de mille francs... J'ai été décavé avec trois dames... c'est piquant !... Sur quoi donc compter maintenant?...

Girardière a pris un siège, il a vu avec plaisir que madame Duhaucourt n'est point là, il ne craint pas de faire quelque maladresse qui lui déplaise ; il se pose, entame la conversation, puis l'amène insensiblement sur le mariage : enfin il arrive à son but.

— Monsieur Duhaucourt, ma visite a un motif... que je vais vous apprendre. Je désire me marier ; je renonce aux folies de la vie de garçon, et je veux désormais ne plus m'occuper que de ma femme et des enfants que le ciel m'accordera sans doute : ce doit être pour l'homme la plus douce félicité !

M. Duhaucourt, qui écoutait Girardière en se roulant dans sa robe de chambre et se caressant le gras de la jambe, se met à rire et répond :

— Mon ami, il faut vous marier si c'est votre fantaisie, et surtout si vous faites un bon mariage... j'entends une affaire d'argent, car il n'y a que celles-là de bonnes... Il faut placer son nom comme ses capitaux, à gros intérêts.

— Je vous certifie que ce n'est nullement l'intérêt qui me guide dans la démarche que je fais aujourd'hui près de vous ; mais j'ai eu le bonheur de me trouver plusieurs fois dans le monde avec mademoiselle votre fille ; elle me plaît beaucoup... et c'est pourquoi je viens aujourd'hui vous demander sa main.

M. Duhaucourt se redresse sur son divan, pose ses pieds à terre, et, regardant Girardière comme un homme que l'on n'a pas encore bien vu, et qui mérite d'être connu, lui dit d'un ton qui n'est plus celui de la plaisanterie :

— C'est la main de ma fille que vous venez me demander?

— Oui, monsieur, c'est sa main.

— Ah diable !... c'est bien différent... je ne m'y attendais pas... Mais alors ceci devient une grande affaire, et mérite toute notre attention. Je vous avoue que je vous connais très superficiellement... je vous croyais dans le monde... une petite position bourgeoise... mais, d'après la proposition que vous venez de me faire, j'ai tout lieu de croire que je me suis trompé, et je suppose que votre fortune est au moins égale à la mienne... Excusez-moi, mon cher monsieur Girardière, d'en avoir agi un peu légèrement avec vous...

Girardière ne sait trop que répondre ; ce début l'embarrasse : cependant il serre avec effusion dans les siennes la main que M. Duhaucourt lui présente. Ensuite celui-ci le regarde entre les deux yeux et reprend :

— Entre gens de notre position, on va tout de

suite au but : voyons, de combien se compose votre actif, tant en immeubles qu'en espèces?

Girardière ravance ses besicles sur son nez, et passe sa main sur le haut de sa tête en répétant :

— Mon actif... c'est mon actif que vous voulez connaître?... que vous me demandez?..

— Sans doute! autrement dit, votre fortune, ce que vous possédez... L'actif est ce qu'on a, le passif, ce qu'on doit ; tout le monde sait cela...

— Oh ! pour du passif, je n'en ai pas du tout !... je m'en flatte, je ne dois pas un sou.

— Cela ne serait encore rien. Ayez un actif de cinq cent mille francs et devez-en six cent mille! Cela ne vous empêche pas d'être possesseur de cinq cent mille francs, parce qu'on ne paye pas tout ce qu'on doit... il y a manière de s'arranger. Enfin combien avez-vous?

— J'ai mille écus de rente! répond Girardière en grossissant sa voix.

Duhaucourt avance la tête en disant :

— Je n'ai pas bien entendu, ou j'ai mal compris.

— J'ai l'honneur de vous dire que j'ai trois mille francs de revenu sur le grand-livre.

Duhaucourt se laisse retomber en arrière sur son divan, remet ses pieds sur les coussins et se tortille dans sa robe de chambre en riant aux éclats.

— Ah! ah! ah!... La plaisanterie est excellente... moi qui avais pris la chose au sérieux... ah! ah! ah! c'est fort drôle... ce diable de Girardière, je ne vous savais pas farceur à ce point-là... c'est fort plaisant !...

— Comment, farceur! répond Théophile en relevant la tête d'un air piqué... Mais je ne plaisante pas du tout... j'ai mille écus de rente... Il me semble que pour un homme, ce n'est déjà pas mal... Je ne m'informe pas de combien sera la dot de mademoiselle votre fille, je vous demande sa main, cela me suffira.

— Ah ! ah! ah !... très joli... très amusant !... ma fille qui a deux cent mille francs en mariage épouserait monsieur qui n'a rien !... c'est délicieux !...

— Comment rien !... je viens de vous énumérer...

— Ou à peu près... Oh! je vous dis que vous êtes très amusant, quand vous le voulez... Je parie que tout cela est le résultat d'une gageure que vous avez faite.

— Monsieur, dit Girardière, en se levant, il n'est point question de gageure... si ma proposition ne vous convient pas, ce n'est pas une raison pour me rire au nez... Je n'aime pas que l'on se moque de moi...

— Oh! oh! délicieux,.. très bien dit !... C'est un proverbe que vous me jouez, n'est-ce pas ?... Ma fille, votre femme... mais, mon pauvre garçon, il faudrait mettre tout votre capital dans la corbeille de mariage !... Vous ferez mieux de prendre des actions pour une nouvelle entreprise que je vais former...

— Merci, je sors d'en prendre, répond Girardière d'un air ironique ; et, enfonçant son chapeau sur sa tête, il quitte le salon, tandis que M. Duhaucourt continue de rire en se roulant sur son divan.

CHAPITRE V

TROP LAID

— Ces gens à argent sont insociables ! se dit Girardière en sortant de chez M. Duhaucourt. Ils ont le cœur sec, l'âme sordide! Peu leur importe le bonheur de leurs enfants! ils ne connaissent que l'or! *Auri sacra fames!* comme dit Virgile, je crois... Après tout, je m'adressais mal !... je n'aurais pas été heureux dans cette famille-là ; moi qui ai les goûts simples, les habitudes modestes... il m'aurait fallu recevoir... traiter, avoir un grand train de maison!... non, ce n'est pas là ce qu'il me faut !...

Heureux qui dans le sein de ses dieux domestiques !...

— Je ne sais plus le reste !... je vais m'adresser à une femme d'une fortune modeste, qu'elle en ait autant que moi, ou à peu près, et ce sera bien suffisant! Ce M. Duhaucourt me dégoûterait de la richesse.

Et huit jours ne s'étaient pas écoulés que Théophile Girardière, toujours en noir et parfaitement ganté, se présentait chez madame Belleville.

Madame Belleville était la veuve d'un ancien officier, qui ne lui avait laissé qu'une modeste fortune et une fille toute aussi modeste. Née de parents fort riches, madame Belleville avait résisté à leur volonté, qui était de la marier à un capitaliste, pour suivre le jeune officier qui lui plaisait ; elle avait été déshéritée ; mais l'amour de son époux lui avait tenu lieu de tout ; et depuis sa mort, qui datait déjà de plusieurs années, elle ne cessait pas de le pleurer. Madame Belleville était excessivement sentimentale ; elle adorait sa fille, et elle ne voulait la donner qu'à un homme qui l'idolâtrât. Ce n'était point un sentiment sage, une passion raisonnable qu'il fallait laisser paraître pour captiver cette tendre mère ; tout ce que le romantisme a de plus extravagant, voilà ce qui charmait madame Beleville, qui passait sa vie à parler de ses amours passés, à pleurer et à prendre du tabac.

Girardière est introduit dans une petite chambre dont la tenture sombre inspire la tristesse. Dans une chaise longue, près du feu, madame Belleville est assise, elle tient dans une main une tabatière, dans l'autre un mouchoir, et derrière elle sont deux autres mouchoirs de précaution.

Madame Belleville a au moins cinquante-cinq ans; ses yeux sans cesse humectés de larmes, son nez continuellement bourré de tabac ont beaucoup gâté sa physionomie; et son costume, mêlé de noir, de jais et de pleureuses, ne contribue pas peu à lui donner l'aspect d'une magicienne ou d'une tireuse de cartes.

Girardière s'est incliné profondément en ayant bien soin de regarder autour de lui s'il n'y a pas quelque chien que sa présence puisse effrayer; mais il n'en aperçoit pas, et va s'asseoir sur un siège que lui indique la maîtresse du logis en poussant un profond soupir.

— Vous venez me voir, monsieur Girardière? dit la veuve en tendant la main au nouveau venu: ah! c'est bien aimable à vous... vous venez mêler vos larmes aux miennes et m'aider à semer des fleurs sur sa mémoire... Hélas!... il y a bientôt quatorze ans qu'il est mort, ce cher ami... hi, hi, hi!... il aurait maintenant soixante-trois ans!...

Madame Belleville pleure, se mouche et prend du tabac.

Girardière, un peu ému par ce début, cligne des yeux pour avoir l'air attendri, et tâche d'entrer en matière.

— Madame, votre douleur est très respectable, certainement!... je la partage; mais cependant, après quatorze ans... d'ailleurs, vous avez une fille... une fille qui est très belle... très intéressante!

— Je le sais bien, monsieur; mais une fille n'est pas un mari... mon mari était un amant... qui m'avait enlevée; car j'ai été enlevée, mon cher monsieur!... en voiture, il est vrai... mais au milieu de la route nous avons versé... et il me tenait dans ses bras... Il ne m'aurait pas lâchée pour tout l'or du monde!... C'est qu'il m'aimait cet homme-là!...

Madame Belleville prend du tabac, se mouche et pleure.

Girardière porte son mouchoir à ses yeux pour essuyer ses besicles, et reprend :

— Madame, un motif bien puissant m'amène près de vous, je désire me marier : je renonce aux folies de la vie de garçon ; je veux désormais ne plus m'occuper que de ma femme et des enfants que le ciel m'accordera sans doute. Ce doit être pour l'homme la plus douce félicité! et j'ose me flatter que...

— Ah! vous avez envie de vous marier, monsieur Girardière; vous êtes donc amoureux, passionnément amoureux? car je ne comprends pas le mariage sans l'amour, moi! il faut beaucoup d'amour!...

— Madame... je serai très amoureux... quand j'aurai le consentement des parents de la personne.

— Vous serez amoureux, quand vous aurez le consentement des parents!... c'est-à-dire que votre cœur attend la permission d'une mère ou d'un oncle pour s'enflammer! Vous vous dites : Je serai amoureux comme on se dit : Je dînerai bien tantôt, si je fais une promenade auparavant; ou je m'amuserai ce soir au spectacle, si tel acteur joue!... Ah! fi!... monsieur, fi!... vous ne vous doutez pas de ce que c'est que l'amour... vous profanez ce mot, monsieur!... Ah! c'est mon mari qui était amoureux, lui!... Il aurait été capable de tout si j'avais refusé de répondre à sa flamme!... Le fer, le feu, le poison... il aurait tout employé!... A la bonne heure, voilà ce que j'appelle aimer, moi... et si jamais je marie ma fille, il faudra qu'on l'aime comme cela, ou on ne l'aura pas : voilà mon dernier mot.

Girardière voit qu'il faut le prendre sur un autre ton pour se faire agréer: il se met alors à pousser des soupirs tels que cela fait voltiger dans la chambre la cendre du foyer; puis il passe sa main dans ses cheveux, afin d'y mettre du désordre et de se donner l'air plus romantique; enfin il porte une de ses mains à son front en se frappant d'un air convulsif. Tout cela intéresse la veuve, qui lui offre du tabac en lui disant :

— Voyons, mon cher ami... je me suis peut-être trompée, ou vous vous êtes mal expliqué; votre agitation, vos soupirs m'intéressent; contez-moi vos souffrances : de qui êtes-vous amoureux, mon cher Girardière?

— De mademoiselle votre fille, que je viens vous demander en mariage... et que j'idolâtre!

— Ma fille!... comment! vous êtes amoureux de ma Cœlina!...

— Passionnément, madame !

— Passionnément. C'est très bien... et si je vous la refuse?...

— J'en mourrai de chagrin, madame!...

— De chagrin... Hom!... mon ami, on est quelquefois bien lent à mourir de chagrin... Il y a des personnes qui traînent leur chagrin jusqu'à quatre-vingts et quelques années... J'aimerais mieux vous voir mourir d'une façon plus brusque..

— Moi, madame, je préférerais épouser mademoiselle votre fille.
— Je le conçois... Elle n'aura qu'une faible dot.
— Cela m'est égal !... c'est elle que je veux.
— C'est très bien ceci... vous me rappelez mon mari... ce tendre ami, hi, hi, hi !... lui aussi ne voulait qu'une chaumière et mon cœur !... et du rosbeef à son dîner... Il tenait beaucoup au rosbeef !... Enfin ma Cœlina partage-t-elle votre amour ?
— Je n'ai jamais osé le lui déclarer, madame, et mes yeux seuls ont dû lui apprendre le secret de mon cœur.
— Vos yeux seuls.. c'est bien chevaleresque... Vous êtes timide, mon cher monsieur, mais je ne vous en blâme pas ! Cela devient si rare de nos jours ! D'ailleurs, un sentiment profond peut rendre très timide ou très audacieux ; les extrêmes se touchent... Mon cher défunt était très audacieux, hi, hi, hi ! quel mari que celui-là !
— Et si je plaisais à mademoiselle votre fille ?
— Oh ! alors je vous marierais... Je sais trop ce que c'est que les tourments de l'amour pour ne point y compatir. Je vais faire venir Cœlina ; j'observerai l'impression que lui causera votre vue... je la questionnerai : c'est la candeur même... et il me sera facile de lire dans son cœur.

Madame Belleville fait dire à sa fille de se rendre près d'elle. Girardière jette un coup d'œil dans une glace, rajuste son col, rarrange ses cheveux, se frotte les joues pour se donner des couleurs, et attend avec impatience l'arrivée de mademoiselle Cœlina.

La jeune fille entre dans la chambre de sa mère en suçant un bâton de sucre d'orge ; mademoiselle Cœlina n'avait rien de romantique dans les manières et dans la figure ; elle salue M. Girardière en riant, casse son sucre d'orge et va en offrir la moitié à sa mère en lui disant :
— Il est bien bon... il est au citron... c'est Hélène qui me l'a donné ; il vient de Rouen, je crois.

Madame Belleville refuse le sucre d'orge, et dit tout bas à Théophile :
— Votre vue ne lui a causé aucune sensation.
— N'importe, madame, veuillez lui dire quelques mots pour moi, je vous en supplie.

Madame Belleville fait signe à sa fille et lui parle à l'oreille. Mademoiselle Cœlina se retourne alors pour regarder Girardière, puis elle dit quelques mots à sa mère, qui veut en vain la retenir.

L'homme à marier ne sait que penser de la disparition soudaine de la jeune fille ; il se rapproche de sa mère et lui dit :
— Eh bien, madame?

Avant de répondre, madame Belleville fouille dans son sac ; elle en sort des binocles qu'elle porte à ses yeux, et regarde attentivement Girardière en murmurant entre ses dents :
— C'est vrai... Cœlina a raison... si je vous avais regardé plus tôt avec mes binocles, j'aurais répondu pour elle... mais j'ai tant versé de larmes depuis quelque temps, que ma vue s'est extrêmement affaiblie ; j'y vois à peine sans binocles... et je vous croyais beaucoup mieux ! je vous croyais même assez bien... oh ! ma vue baisse tous les jours ! je m'en aperçois aujourd'hui
— Madame, que veut dire tout cela ?...
— Cela veut dire, monsieur, que ma fille ne veut pas vous épouser parce qu'elle vous trouve trop laid !... Et, en vérité, elle a raison... Il est impossible que vous inspiriez de l'amour à une jeune fille !... Si j'avais pris mes binocles à votre arrivée, je vous aurais dit cela tout de suite. Croyez-moi, monsieur Girardière, renoncez à l'espoir de faire un mariage d'amour ;... faites un mariage de convenance... mais cessez de penser à ma fille !...

Girardière n'a pas attendu tranquillement la fin de ce discours ; il s'est levé, s'est promené dans la chambre, a pris son chapeau, et répond en s'efforçant de rire :
— Ma foi, madame, si mademoiselle votre fille me trouve trop laid, je vous prie de croire que cela m'affecte peu... car après tout, je n'en ai jamais été amoureux, et je trouverai sans peine des femmes qui me rendront plus de justice, qui m'apprécieront mieux.

Et Girardière s'éloigne en se disant :
— La fille est aussi folle que la mère !

CHAPITRE VI

TROP VIEUX

— Que l'on trouve que je n'ai pas assez de fortune, passe encore ?... se disait Girardière en réfléchissant à sa visite chez madame Belleville : mais que l'on vienne me dire que je suis laid... c'est absurde !... C'est un prétexte pour m'éconduire !... Ah ! pourquoi ai-je fait peur au petit chien de madame Grandvillain ! j'aurais épousé sa fille. Elle ne me trouvait pas laid, cette jeune personne, et les parents me trouvaient assez riche !... Mais il y a encore beaucoup de femmes à marier dans le monde... et, comme dit ma respectable mère, je n'ai que l'embarras du choix. Cependant voilà plusieurs choix qui m'échappent. C'est une fatalité !

Pendant plusieurs jours, Girardière flotte in-

Mademoiselle de la Berlinguerie.

décis sur la nouvelle demande qu'il veut faire ; enfin il se rappelle une maison dans laquelle il allait souvent avant de se lancer dans le grand monde, une maison de bons bourgeois tout ronds, tout francs, tout sans façons ; de ces gens chez lesquels on ne peut pas aller faire une visite sans qu'ils vous retiennent pour dîner, et qui, à table, ne sont pas satisfaits si vous ne vous donnez point une indigestion.

Cette maison était celle de M. Lapoucette, ancien tabletier retiré ; elle se composait du père, de la mère, de deux tantes et de trois filles : les demoiselles étaient encore fort jeunes lorsque Girardière était commensal de la maison. Mais, depuis cinq ans environ qu'il a cessé d'y aller, ces jeunes filles ont dû grandir. Elles avaient alors, l'une onze ans, l'autre treize, et la plus âgée quatorze : cinq ans en ont fait des femmes qui doivent être bonnes à mettre en ménage.

— Il y en a peut-être une ou deux de mariées, se dit Girardière, mais il n'est pas probable qu'elles le soient toutes. Autant que je me rappelle, elles étaient toutes trois fort gentilles ; l'âge n'aura fait que développer leurs grâces... Ma foi, je prendrai celle qui sera libre ; on m'aimait beaucoup dans cette maison-là... chez ce bon Lapoucette ; retournons-y : c'est une idée que je suis fâché de n'avoir pas eue plus tôt.

Après avoir fait sa toilette de cérémonie, Girardière se rend chez son ancien ami Lapoucette. C'est une tante qui lui ouvre la porte; elle s'écrie en le voyant :

— Je crois vraiment que c'est M. Girardière!...
— Lui-même, ma chère dame...
— Ah! quel miracle de vous voir!... Laurence, Anna, Cécile, mes sœurs... c'est M. Girardière!...
— C'est M. Girardière! répète-t-on de tous côtés, et bientôt la famille accourt. Les sœurs, la mère, le père, les enfants, chacun s'empresse de venir recevoir l'ancien ami, de lui prendre la main, de la presser avec amitié en lui faisant d'aimables reproches de son long oubli. Il semble que l'enfant prodigue soit revenu, et que l'on veuille tuer le veau gras, car déjà le maître de la maison s'est écrié :

— Tu dîneras avec nous... oh! tu dîneras avec nous... nous te tenons, non, nous ne te laisserons pas partir. Ma femme, soigne le dîner... fais-nous quelques friandises : Girardière était gourmand, il doit l'être toujours; ce sont de ces qualités qui ne font qu'augmenter avec le temps. La gourmandise ne nous trahit jamais.

— Mon ami, mon cher ami! dit Girardière en portant sa main à ses yeux, je suis touché... si flatté de votre réception... qu'en vérité... je crois que...

— Allons, ne fais pas de bêtise... viens te chauffer, ça vaudra mieux que de pleurer, et ici nous avons plutôt l'habitude de rire.

M. Lapoucette était un petit homme, très gros, très coloré, et dont l'abord annonçait la santé et la bonne humeur; il fait asseoir Girardière en lui disant :

— Tu as été cinq ans à peu près sans venir nous voir... c'est que tu n'as pas pu, n'est-ce pas?... je ne t'en ferai point d'autres reproches, nous ne nous sommes pas quittés fâchés, nous nous retrouvons bons amis. C'est comme ça qu'il faut se traiter, quand on s'aime. Maintenant, sois ici comme si tu n'avais pas cessé d'y venir.

— Mon cher Lapoucette, sois bien persuadé que mon amitié est restée toujours la même!

— Je n'en doute pas, mon ami ; mais par exemple, ton visage n'est pas resté comme ton amitié... tu as vieilli, oh! tu as beaucoup vieilli... tes cheveux sont couchés chez Picard... Eh! eh!... tu sais, toujours mon vieux mot... Tu as beau ramener sur ton front les dix-sept qui te restent!... tu bats le rappel... eh, eh, eh!...

Girardière se pince les lèvres en répondant :

— Je ne sais pas si j'ai vieilli... mais je sais que je me porte très bien; ma santé est délicieuse.

— Eh bien! mon ami, c'est le principal. D'ailleurs est-ce que nous ne vieillissons pas tous? n'est-ce pas la loi commune?... Et ta mère, vit-elle encore?

— Certainement!... elle vit toujours.
— Elle doit être bien âgée!... bien cassée!
— Mais non, elle se porte fort bien.
— Tant mieux, tant mieux; mais ce sont mes filles qui sont changées depuis cinq ans!... Elles, par exemple, ça ne les a pas enlaidies... au contraire. Mesdemoiselles, venez donc... approchez donc, que mon ami Girardière renouvelle connaissance avec vous.

Les trois demoiselles Lapoucette s'empressent de venir près de leur père et adressent un sourire aimable à l'ancien ami de la famille, qui plus d'une fois les a fait sauter sur ses genoux et leur a donné des bonbons.

Girardière reste en admiration devant les jeunes personnes, et le papa s'écrie d'un air de fierté :

— Elles ne sont pas mal, n'est-ce pas?
— Ces demoiselles sont ravissantes, éblouissantes!...
— Oh! ravissantes! tu vas tout de suite nous chercher ces mots dont on se sert dans le monde lorsqu'on veut mentir! elles sont gentilles et de plus feront de bonnes ménagères, voilà l'essentiel, selon moi.

— Oh! oui, mon ami! tu as raison! c'est le point capital... c'est à cela que l'on doit tenir.

En disant cela, Girardière roulait ses yeux gris-vert sur les trois jeunes filles, ne sachant pas encore à laquelle il donnerait la préférence.

Le papa prend la main de sa fille aînée en disant :

— Voilà Laurence... qui a dix-neuf ans. Oh! c'est une fille raisonnable qui se charge de gronder ses sœurs quand elles ne travaillent pas... très bonne enfant du reste, et faisant les confitures parfaitement... Te souviens-tu comme elle était mauvaise étant petite?... Un jour sa mère voulait la fouetter; tu demandas sa grâce... il y a au moins seize ans!

— Mademoiselle ressemble beaucoup à sa mère! s'écrie Girardière pour ne pas s'appesantir sur les souvenirs d'anciennes dates et pour changer la conversation.

— Tu trouves?... Ce n'est pas mon avis. Voici Anna, l'espiègle Anna... elle va sur ses dix-huit ans!... Te rappelles-tu quand tu dînais ici et qu'elle commençait à marcher, elle te faisait endêver; elle voulait toujours être dans tes bras!... Ah! elle était moins lourde alors!

— Mademoiselle te ressemble. Oh! c'est toi... c'est ton expression... c'est même ton nez!...

— Par exemple ! moi qui suis rond et très coloré, et Anna a le visage ovale, le teint pâle !... Je ne sais où tu prends tes ressemblances. Voici maintenant mademoiselle Cécile.. la méchante Cécile !... Eh ! eh ! elle était très volontaire étant petite. Elle a eu avant-hier quinze ans... Mais tu dois savoir son âge, car tu étais à son baptême... t'en souviens-tu, mon vieux ?

— Tu crois que j'étais ?...

— Oui, oui, tu as même mangé des dragées... à te faire mal !... Eh ! eh !... dis donc, dis donc, Girardière, comme ça nous pousse tout cela !...

Girardière trouve que son ami fait des réflexions tout à fait inutiles, aussi change-t-il toujours la conversation.

— Ces demoiselles sont toutes trois très bien, et tu n'as pas encore songé à les marier ?

— Ah ! si fait, j'y songe bien quelquefois... mais cela n'est pas facile quand on n'a point de dot à donner... Eh ! ma foi, j'en suis bien fâché, mais je n'en puis pas donner à mes enfants, car je n'ai que juste ce qu'il me faut pour vivre. Les parents qui se dépouillent de tout pour leurs enfants sont des sots et se préparent de grands chagrins pour leur vieillesse. On prendra mes filles pour elles, ou on ne les prendra pas, voilà tout !

— On les prendra, mon cher Lapoucette ; il se présentera des maris, garde-toi d'en douter.

— En attendant, nous allons nous mettre à table.

On place Girardière entre mesdemoiselles Laurence et Anna ; c'étaient les deux aînées. Les filles de M. Lapoucette sont remplies de prévenances pour l'ancien ami de leur père. C'est à qui, dans la maison, lui témoignera le plus d'amitié. Le papa lui verse sans cesse à boire, la maman veut continuellement emplir son assiette ; Laurence lui passe le sel, Anna craint que les pieds de table ne le gênent, et la petite Cécile lui offre en riant des cornichons ou de petits oignons.

Il n'est pas jusqu'aux deux tantes, qui ont chacune passé la cinquantaine, qui font avec soin fermer les portes derrière lui, et lui demandent s'il veut un petit tabouret sous ses pieds, s'il ne sent pas de vent coulis.

Girardière ne sait auquel entendre, il se dit :

— Les bonnes gens !... quelle charmante famille !... Les demoiselles n'ont point de dot, c'est vrai, mais elles ont des grâces, de l'amabilité, des talents et surtout des qualités... Ensuite je connais Lapoucette, c'est un gaillard qui est à son aise. Il ne veut rien donner à ses filles... mais enfin, à sa mort, elles auront toujours quelque chose ! ça ne peut pas leur manquer.

Girardière oubliait qu'il était du même âge que son ami Lapoucette, et que, par conséquent, c'était bien téméraire à lui de fonder des espérances sur son héritage... Mais, ainsi que nous l'avons dit en commençant cette véridique histoire, Théophile Girardière ne voulait avoir que trente ans ; il avait la prétention d'être toujours jeune, et il avait fini par se le persuader à lui-même. Semblable en cela à ces gens qui, à force de mensonges, les adoptent eux-mêmes pour des vérités.

Les demoiselles Lapoucette étaient toutes trois fort aimables et surtout fort gaies... L'une, en riant, montrait des dents rangées comme des perles ; l'autre avait des yeux dont l'expression était tout à fait piquante ; enfin la dernière avait une voix si douce, que l'on se sentait ému rien qu'à l'entendre parler.

Girardière portait ses regards de l'une à l'autre des trois demoiselles en se disant :

— Demanderais-je l'aînée ?... la petite est bien séduisante... Mademoiselle Anna me comble de petits soins... C'est bien embarrassant ! Oh ! si nous étions en Turquie, je les épouserais toutes les trois !

— Mais tu ne bois ni ne manges, disait M. Lapoucette, surpris des distractions de son ancien ami... Autrefois tu allais mieux que ça... à quoi diable penses-tu donc ? tu regardes au plafond... est-ce que tu as mal aux dents ?

— Non, mon cher ami, je n'ai mal nulle part... et je t'assure que je dîne fort bien... Tes filles sont si aimables pour moi !... je suis dans l'enchantement.

— Ce n'est pas cela qui doit t'empêcher de manger... Ah ! jadis tu étais un si bon convive ! Te rappelles-tu quand nous dînions ensemble à la *Renommée des pieds de mouton*... C'est aujourd'hui un fort beau restaurant, les *Vendanges de Bourgogne ;* alors ce n'était qu'un simple marchand de vin-traiteur... Nous y allions très souvent le dimanche... il y a vingt-cinq ans de cela... Je crois même qu'il y en a vingt-sept...

— Je demanderai encore un peu de volaille ! s'écrie Girardière, qui est décidé à se faire du mal plutôt que de laisser son ami lui rappeler des faits de leur jeunesse.

Et Théophile se remet à manger en disant :

— Excellente volaille !... délicieuse bête !... parfaitement cuite !...

Et comme Lapoucette s'obstine à chercher ses dates et répète encore :

— Il y a au moins vingt-sept ans... car je n'étais pas marié... c'est bien avant...

— A boire... s'il vous plaît ? Je vous demanderai à boire !... crie Girardière en tendant son verre ; votre vin est bon... Oh ! il est très bon... je m'y connais...

— A la bonne heure donc! voilà que tu te mets en train, dit Lapoucette en versant à son ami.

Et le pauvre Girardière avale en se disant :

— S'il continue de nous parler de ce que nous avons fait autrefois... certainement, je me donnerai une indigestion.

Enfin le dîner est terminé. On passe au salon. Mademoiselle Laurence touche agréablement du piano; Anna montre ses dessins; Cécile chante avec beaucoup de goût. Girardière est émerveillé, transporté, et il se gratte le front en disant :

— Mais laquelle choisir?... Ah! Dieu! si la polygamie n'était pas défendue!... Mais il faut me décider, et sans tarder, car on pourrait venir demander celle que j'aurais choisie.

Vous voyez que Théophile était bien persuadé qu'il n'avait qu'à choisir, et cependant les refus qu'il avait déjà essuyés auraient dû le rendre moins confiant, moins présomptueux; mais l'expérience ne corrige pas toujours les hommes; ils sont trop souvent incorrigibles.

Naturam expellas furcà, tamen usque recurret.

A force d'avoir considéré, examiné, lorgné les demoiselles Lapoucette, Girardière se décida, et ne pensez pas que ce fût pour l'aînée, ce qui du moins eût été plus raisonnable; non, il se dit :

— Décidément, j'épouserai Cécile!... elle est délirante!...

Et s'approchant de son ancien ami, Girardière lui dit à demi-voix et d'un ton très ému :

— Je voudrais bien... j'aurais bien envie de...

— Mon cher ami, répond M. Lapoucette en l'interrompant, on va te donner une lumière et t'indiquer où est... Je devine que tu cherches...

— Ce n'est pas cela du tout, mon cher Lapoucette, je voudrais causer un moment avec toi... Passons un instant dans ton cabinet... ou dans ta chambre à coucher, si tu n'as pas de cabinet, ou dans ton antichambre...

— Est-ce que tu es indisposé?... veux-tu un verre d'eau sucrée?... désires-tu que l'on te fasse du thé?

— Mais non, non, encore une fois, je te répète que je désire te parler d'une chose fort importante, et qu'il faut d'abord en parler entre nous.

Lapoucette, fort étonné et ne comprenant pas ce que son ancien ami peut avoir à lui dire en secret, prend une lumière et passe avec lui dans une autre pièce. Là, il le regarde d'un air inquiet et lui dit :

— Voyons, qu'est-ce que c'est... est-ce qu'on veut réduire les rentes à deux pour cent?

— Il n'est pas du tout question de cela. C'est de moi d'abord que je désire te parler. Écoute, mon cher Lapoucette; depuis que nous ne nous sommes vus... il s'est fait chez moi quelques changements...

— Oui, je t'ai trouvé changé... tu as la patte d'oie.

— Ce n'est pas cela du tout. Fais-moi le plaisir de m'écouter : tu n'ignores pas que je fus longtemps un peu étourdi... un peu volage... Enfin le beau sexe me faisait faire mille folies, mille extravagances!

— Je ne m'en souviens pas; c'est égal, va toujours.

— Eh bien, mon ami, je ne suis plus ce *Joconde*, ce *Faublas* qui ne pensait qu'aux plaisirs; je suis devenu plus posé, plus raisonnable... je suis même très posé!...

— Parbleu! avec l'âge il faut bien s'amender!

— Fais-moi donc le plaisir de me laisser m'expliquer. Je vais droit au but, mon cher Lapoucette... Je désire me marier; je renonce aux folies de la vie de garçon, et je veux désormais ne plus m'occuper que de ma femme et des enfants que le ciel m'accordera sans doute; ce doit être pour l'homme la plus douce félicité!

— Ah! tu veux te marier?... Ma foi, tu ne feras pas mal... il me semble qu'il est bien temps que tu y penses; mais je ne vois pas pourquoi il fallait mettre tant de mystères pour me dire cela.

— Tu vas le voir, Lapoucette... tu vas le comprendre. Je ne tiens pas à la fortune, moi, j'ai de quoi nourrir une femme!... mais je veux en prendre une qui me plaise... à qui je plaise, et...

— Et qui te plaise, c'est possible, mais à qui tu plaises, ce sera plus... plus difficile, mon vieil ami.

— Lapoucette, veux-tu m'écouter? je viens de faire mon choix; je viens de trouver celle qui doit embellir mon existence... et c'est pourquoi je te demande la main de ta fille Cécile, de la ravissante Cécile!

M. Lapoucette, ouvre de grands yeux et regarde son ami en s'écriant :

— Ah! ah!... est-ce sérieusement que tu parles?

— Très sérieusement : donne ton consentement, et dès demain nous nous occuperons du mariage.

— Tu veux épouser une de mes filles... toi, Girardière?

— Qu'est-ce qu'il y a d'étonnant à cela?

— Ce qu'il y a d'étonnant!... mais tu n'y penses pas, mon pauvre ami!... mais tu es trop vieux pour mes filles!

— Trop vieux! c'est toi qui ne sais ce que tu dis. Je suis dans la force de l'âge.

— Tu as cinquante ans pour le moins.

— Ça n'est pas vrai... je n'en ai pas encore tout à fait quarante-neuf.

— Et tu veux prendre pour femme une jeune fille de quinze ans, car tu choisis justement la plus jeune... ah! ah! ah! tu es fou, mon vieil ami, tu es fou!

— Eh bien! écoute, Lapoucette; si tu crois ta petite Cécile encore un peu jeune, j'épouserai la seconde, mademoiselle Anna, elle me convient beaucoup aussi.

— Mais Anna n'a que dix-huit ans! songe que dans dix ans elle sera bien jeune encore, et toi!...

— Voyons, aimes-tu mieux me donner l'aînée? ça m'est égal, je prendrai l'aînée, elle me convient parfaitement.

— Il me paraît qu'elles te conviennent toutes... Ah! ah! ce pauvre Girardière qui veut être mon fils!

— Je ne pensais pas que tu aurais été fâché de me voir dans ta famille, répond Théophile en relevant la tête d'un air piqué.

— Fâché, non!... et si tu avais seulement quinze ans de moins!... vingt ans de moins même!

— Ainsi, tu me refuses pour gendre?...

— Ah! c'est drôle de te voir me demander une de mes filles... mais je ne te refuse pas!... oh! je ne te refuse pas! je m'en garderais bien!

— Ce cher Lapoucette!... Et Girardière prenait la main à son ami et la pressait avec effusion.

— Si l'une de mes filles veut de toi... je vous marie volontiers... mais ce sont elles qui refuseront, mon vieux!... eh! eh!... ce sont elles qui diront non.

— Lapoucette, fais-moi le plaisir de ne point m'appeler mon vieux... d'abord, c'est un mot très commun... ensuite, je n'aime pas cela.

— Ah! tu crois que mes filles vont vouloir de toi?...

— J'ose l'espérer... elles m'ont traité avec tant de bonté, avec tant d'amabilité!

— Parce qu'elles ont vu en toi un ancien ami de leur père, et que tu as pris leurs petits soins, leur bon accueil pour des agaceries, des coquetteries de femmes... Tu as pensé que tu avais fait leur conquête!... Ah! mon vieil ami, je t'aurais cru plus raisonnable. N'importe, je vais te présenter à ces demoiselles comme un aspirant à leur main, et ton affaire va se décider tout de suite.

— Au moins, n'aie pas l'air de plaisanter; songe, Lapoucette, que ma demande est sérieuse.

— Sois tranquille, je suis bien sûr que ta proposition ne fera pas rire mes filles; mais je te promets de ne pas les influencer. Je te le jure même.

Le père de famille revient dans le salon avec son ami. Les trois demoiselles viennent folâtrer et rire près de Girardière; l'une veut le faire chanter, l'autre lui propose de danser un galop, la plus jeune veut qu'il la fasse tourner en tournant avec elle. Girardière est enchanté. Il regarde son ami d'un air qui veut dire:

— Vois comme on m'aime,... comme on me cajole!... Tes filles ont une autre manière de voir que toi; on m'épousera très volontiers.

M. Lapoucette réclame un moment d'attention et dit d'un ton fort sérieux:

— Mes enfants, ce n'est pas seulement pour revoir d'anciens amis que Girardière est revenu parmi nous. Il a un autre but... il a formé un projet pour se lier plus intimement à notre famille... enfin il désire se marier, et il m'a fait l'honneur de me demander la main d'une de mes filles.

Les trois jeunes personnes ne rient plus; elles regardent leurs parents d'un air stupéfait; elles se regardent entre elles; il n'y a que Girardière qu'elles ne regardent plus.

M. Lapoucette semblait attendre une réponse de ses enfants; mais toutes gardaient un morne silence; ce que l'on venait de leur annoncer les avait glacées; enfin la plus jeune s'écrie au bout de quelques instants:

— Ah! c'est pour rire tout cela... je suis bien sûre que c'est pour rire; papa et monsieur ont été dans l'autre chambre où ils ont comploté pour nous attraper. M. Girardière ne veut pas se marier... se marier avec nous.

— Mesdemoiselles, dit Girardière en prenant une pose académique, je vous jure que monsieur votre père vous a dit la vérité... Vous êtes toutes trois charmantes... et comme il me serait difficile de fixer mon choix, je prendrai pour épouse celle de vous qui daignera accepter ma main; je l'accepterai aveuglément.

— Ah! bien; ce ne sera pas moi, toujours! s'écrie la petite Cécile en faisant une moue fort comique.

Girardière se pince les lèvres et rassemble ses mèches de cheveux en tournant ses regards vers les aînées; tandis que M. Lapoucette dit à sa plus jeune fille:

— Pour quelle raison, Cécile, ne voudrais-tu pas épouser mon ami Girardière?

— Ah! papa... parce que je ne veux pas pour mari d'un homme qui pourrait être mon grand-père.

Girardière fait un bond sur sa chaise et tâche de rire en murmurant:

— Ah! ah! mademoiselle plaisante!

M. Lapoucette fait ce qu'il peut pour conserver sa gravité en répondant:

— Ton grand-père!... ma chère amie... tu te trompes... ce n'est pas qu'à la rigueur... enfin tu ne veux pas épouser Girardière, passons à une autre : Anna, la recherche de mon ami te sourit-elle ? réponds, ma fille.

Mademoiselle Anna baisse les yeux et répond d'un air modeste, mais en appuyant sur ses mots :

— M. Girardière est bien bon... de vouloir m'épouser... mais cela ne se peut pas,... parce que... je suis beaucoup trop jeune pour lui...

— Ceci est mieux répondre, dit Lapoucette, tandis que Girardière, déconcerté par ce second refus, porte des regards furtifs vers l'aînée des trois demoiselles.

— Allons, Laurence, c'est à ton tour, reprend M. Lapoucette, veux-tu être la femme de mon ami Girardière ?... parle franchement ; s'il te convient, je ne demande pas mieux que de vous unir.

Mademoiselle Laurence répond d'un ton très sec :

— Par exemple !... moi, épouser monsieur !... est-ce que monsieur me ferait danser, me promènerait, courrait avec moi dans la campagne ? Je veux pouvoir m'amuser, rire avec mon mari... certainement monsieur est bien aimable, mais je veux un mari de mon âge à peu près ; sans cela j'aime bien mieux ne pas me marier.

— J'en suis bien fâché, mon cher ami, dit Lapoucette en regardant Girardière d'un air un peu goguenard, mais tu es repoussé avec perte... tu vois que les avis ont été unanimes... cependant, si tu tiens absolument à entrer dans ma famille, prends une de mes sœurs, la plus jeune a cinquante-deux ans, mais elle est fort bien conservée.

— Merci, infiniment obligé ! répond Girardière en s'efforçant de sourire pour cacher son dépit.

— J'espère que tout ceci ne t'empêchera pas de continuer à venir nous voir, ajoute M. Lapoucette en prenant la main de son ami ; songe que ton couvert sera toujours mis chez moi, et que mes filles te trouveront encore très aimable, pourvu que tu ne veuilles pas les épouser.

— Je ne l'oublierai pas, répond Girardière.

Puis, s'empressant de prendre son chapeau, il prétexte un rendez-vous, et prend congé de la famille Lapoucette. Lorsqu'il est dehors, il donne carrière à sa colère et s'écrie :

— Tu peux m'attendre pour dîner !... J'ai été cinq années sans aller chez toi, mais il s'en écoulera davantage avant que tu me revoies... Famille d'imbéciles ! ils ne savent que rire, et sans savoir pourquoi !... Ses filles sont trois petites coquettes, et pas autre chose... Ah ! tout cela ne vaut pas Mlle Grandvillain... Quel malheur que j'aie fait peur à Azor !

CHAPITRE VII

TROP BÊTE.

M. Girardière ne se tenait pas pour battu. Il accusait toujours le sort, la destinée qui depuis sa plus tendre jeunesse lui avait été contraire lorsqu'il avait voulu triompher d'une belle. Elle supporte bien des choses, cette pauvre destinée ; c'est toujours à elle que nous nous en prenons dans nos moments d'humeur, dans nos revers, dans les échecs que reçoit notre amour-propre ; au lieu de nous avouer franchement à nous-mêmes que nous avons fait une sottise, que nous avons manqué de tact ou de finesse, nous aimons bien mieux faire une amère sortie contre ce destin, qui est sans doute bien innocent de nos malheurs ; et nous ne nous rappelons jamais ces paroles de saint Grégoire, qui devraient être gravées dans notre cœur :

« Quand il t'arrive une infortune, cherche bien, et tu verras qu'il y a toujours un peu de ta faute. »

Théophile Girardière, qui a sagement pris le parti de ne plus tenir à la fortune, puisque la fortune le dédaigne, se dit bientôt :

— Pourquoi tiendrais-je à la beauté ? la beauté passe ; un hasard, un accident, une maladie peuvent tout à coup changer un visage... Cela se voit tous les jours, il y a même des femmes qui ont la petite vérole après avoir été vaccinées ! Il ne faut donc compter que pour peu de chose les charmes du visage. C'est à l'âme, c'est à l'esprit, au cœur, qu'il faut chercher des attraits durables, car le cœur, l'âme et l'esprit ne changent point.

Ce pauvre Théophile Girardière se trompait encore !... en se figurant que l'esprit ne change point, il n'avait pas étudié son siècle ; il ne lisait pas les journaux ; il ne causait point politique ; car alors il aurait vu qu'il n'y a rien de plus versatile, de plus capricieux que l'esprit. Combien de nos grands génies écrivent aujourd'hui d'une façon, et demain d'une autre ! combien d'avocats plaident le pour et le contre ! combien d'auteurs sont aujourd'hui gais, et demain tristes, et après-demain absurdes ! Par conséquent, une femme peut être aimable lorsqu'elle est l'objet de tous les soins, lorsqu'on brigue comme faveur un seul de ses regards ; puis cette même femme pourra devenir très maussade, très ennuyeuse lorsque l'on aura cessé de s'occuper d'elle : un rien l'irritera, la moindre contrariété fera sortir de sa bouche des mots aigres, des plaintes, des récriminations !... oh ! ne vous fiez pas à l'esprit d'une femme, s'il n'y a pas derrière lui un fond de bonté qui le tempère.

Est-ce ensuite sur le cœur que vous croyez compter?... Mais le cœur... c'est ce que nous possédons de plus traître, de plus décevant!... souvent nous n'en sommes pas maîtres; nous croyons le diriger, et c'est lui qui nous conduit. Lorsque de bonne foi nous l'avons donné à quelqu'un, ne sommes-nous pas tout surpris de nous apercevoir un beau matin que, lui, s'est donné à un autre! Quand nous comptons sur sa fermeté, il nous manque; quand nous le croyons froid, il s'enflamme; quand nous cherchons à lui imposer silence, il parle sans cesse et malgré nous. Ce n'est donc pas encore sur le cœur qu'il faut compter. Reste l'âme, que chacun définit à sa manière : *Erasistrate* la loge dans la membrane qui enveloppe le cerveau; *Hippocrate* la place dans le ventricule gauche du cœur; *Empédocle* et *Moïse* la croient dans le sang; *Strabon* la veut entre les deux sourcils. *Platon* la divise en trois parties : la raison dans le cerveau, la colère dans la poitrine, et les désirs voluptueux dans les entrailles. Les Grecs se sont beaucoup occupés de l'âme : *Parménidas* prétend qu'elle est du feu; *Anaximandre*, qu'elle est de l'eau; *Zénon* la compose de la quintessence des quatre éléments; *Héraclidès* ne voit en elle que la lumière; *Xénocrate*, un nombre; *Thalès*, une substance toujours agissante; et *Aristote*, une entéléchie : enfin, suivant le poète *Mallebranche*, nous ne connaissons notre âme que par la conscience!... C'est peut-être pour cela que peu de gens parviennent à savoir ce que c'est.

Girardière cherche une demoiselle, une veuve ou une douairière qui ait de l'esprit. Il se dit : Une femme d'esprit ne me refusera point. Tous ces gens qui ont rejeté ma demande sont des sots, à commencer par madame Grandvillain qui a la sottise de me préférer son chien. Adressons-nous à quelqu'un qui soit en état de m'apprécier, et, comme le dit ma respectable et honorée mère, on rendra justice à mes qualités, à mes agréments.

Théophile se souvient qu'il a été jadis en soirée chez madame de la Berlinguerie, et que madame de la Berlinguerie possédait une fille que l'on nommait Arabella. Cette jeune personne s'était annoncée de bonne heure comme devant être un prodige, une dixième muse, une *Sapho* ou tout au moins une *Scudéri*. A l'âge de six ans, elle avait composé un compliment sans *a* pour la fête de son père, l'année suivante, elle avait fait un compliment sans *o* pour madame sa mère, et dit des choses fort aimables, sans *u*, à son parrain. D'après cela, on avait cru qu'elle parviendrait à parler sans employer aucune espèce de lettres, ce qui certainement en eût fait une personne fort extraordinaire : quoique nous ayons à Paris un marchand de nourolles qui s'exprime à peu près comme cela.

Girardière se dit : Depuis quatre ou cinq ans que je n'ai vu mademoiselle Arabella de la Berlinguerie, son esprit n'a dû que croître et embellir. Comme nous nous entendrons!... Je ne suis point un sot; je suis même assez passablement savant... moi qui, dans mon adolescence, voulais apprendre le latin à ma bonne, à cette pauvre Tourloure!... Si mademoiselle Arabella veut faire sa rhétorique ou ses humanités, je suis parfaitement l'homme qu'il lui faut.

Et un soir, Girardière fait sa toilette encore plus soignée que de coutume, car il se rappelle que chez madame de la Berlinguerie régnait toujours un ton assez cérémonieux; puis il se dirige vers le Marais. C'est dans la rue des Trois-Pavillons que demeure la famille de mademoiselle Arabella. Cette famille se compose, premièrement, de M. de la Berlinguerie, petit vieillard septuagénaire, qui a passé une grande partie de sa vie à faire et à deviner des logogriphes; puis de la mère d'Arabella : c'est une femme de toute petite taille, si petite, que son époux semble grand à côté d'elle. Sa figure maigre, mais très expressive, ses yeux fauves qui brillent comme des escarboucles, enfin l'extrême mobilité de ses traits lui donnent l'aspect de ces petites fées qui peuvent aisément sortir d'un meuble et se cacher dans un potiron. Ajoutez à tout cela que madame de la Berlinguerie tient constamment à sa main, même pour se promener dans ses appartements, une canne à pomme d'ivoire, qui est aussi grande qu'une queue de billard, et avec laquelle elle frappe sur le parquet dans ses moments d'impatience, et vous ne serez point étonné que M. de la Berlinguerie, homme naturellement très pacifique, s'arrête au milieu de ses phrases et perde le fil de ses discours lorsqu'il entend la redoutable canne dont le bout retentit sur le parquet. Mademoiselle Arabella avait été le premier fruit d'une union si bien assortie : cette jeune personne, qui venait d'atteindre sa vingt-troisième année, était plus grande à elle seule que son père et sa mère placés verticalement au-dessus l'un de l'autre (ce que les Bédouins appellent la pyramide humaine) : mademoiselle Arabella avait cinq pieds six ou sept pouces, et son nez était parfaitement en analogie avec sa taille ; ce qui devait beaucoup la gêner pour embrasser quelqu'un. Son teint était de la couleur de l'écorce d'orange ; son cou avait quelque chose de celui de l'autruche, et sa démarche beaucoup du laisser-aller de la girafe ; elle était d'une prodigieuse maigreur ; au moindre mouvement qu'elle faisait, on éprouvait la crainte qu'elle ne se cassât quelque chose. Tout enfin était pointu dans cette demoiselle, depuis son genou jusqu'à son coude, depuis son nez jusqu'à son esprit. Les heureuses dispositions qu'elle avait montrées dans son enfance s'étaient considérablement développées. A la vérité, elle employait des *o* et des *a* en parlant; mais comme elle parlait !

Cependant Arabella n'était point l'unique fruit de l'hymen de ses respectables parents ; un fils aussi leur était né, mais dix ans plus tard. Ce garçon, que l'on avait cru appelé à imiter, et peut-être à surpasser sa sœur, avait été nommé Philéosinus. A peine commençait-il à balbutier quelques mots, que sa sœur voulut lui apprendre à s'exprimer avec élégance, sa mère à dire *nanan* sans *a* ; et son père à deviner des logogriphes. Le petit Philéosinus se montrait fort rétif à tout ce qu'on voulait lui enseigner ; il ne semblait pas prendre goût aux jolies phrases de sa sœur ; il demandait à manger ou à boire, comme un vil prolétaire, et ne comprenait pas même ce que c'était qu'une charade. La famille de la Berlinguerie y mit de l'entêtement ; elle avait résolu que le petit Philéosinus serait un génie; et on tourmenta tellement le petit garçon, qu'à l'âge de huit ans il devint complètement imbécile. Mais la famille ne se tint pas pour battue, elle prétendit que l'enfant était *inspiré*, et l'on eut l'air de le croire, parce que, dans le monde bien élevé, on est trop poli pour démentir les gens.

C'est dans cette famille que le pauvre Théophile Girardière a pensé à se trouver une épouse ; il y a des personnes qui auraient pris cela pour un acte de désespoir, mais lui, qui voit tout en beau, se persuade d'avance que son union avec la spirituelle Arabella doit assurer le bonheur de sa vie.

La famille de la Berlinguerie habite dans une vieille maison dont les murs noircis par le temps pourraient presque rivaliser avec ceux de l'hôtel Cluny. Une grande porte cochère ouvre sur une cour immense, dans laquelle l'herbe peut, sans crainte, encadrer chaque pavé. Le concierge a sa loge tout au fond de la cour, ce qui fait qu'en entrant dans la maison, si la personne que vous voulez voir est sortie, il n'en faut pas moins que vous fassiez deux fois toute la longueur de la cour pour vous en assurer. C'est surtout extrêmement agréable lorsqu'il pleut, et que vous n'avez point de parapluie. Ce sont de ces bonnes inventions de nos ancêtres, auxquelles les amateurs du gothique trouvent très mauvais que l'on veuille renoncer.

Girardière descend de cabriolet ; car il n'a pas voulu venir à pied parce qu'il pleut, que le pavé est sale, et qu'il craint de ternir le luisant de ses souliers. Il paye son cocher et frappe à la porte cochère, qui est fort longtemps à s'ouvrir, ce qui donne à Théophile le temps de recevoir la pluie. Enfin la grosse porte roule sur ses gonds ; il la referme ; puis, ne sachant pas où est le concierge, vu que c'est la première fois qu'il vient dans cette maison, où la famille de la Berlinguerie n'habite que depuis trois ans, Girardière regarde de tous côtés, et, n'apercevant personne, commence à craindre de s'être trompé, il se dirige au hasard vers une petite porte basse qu'il aperçoit sur sa gauche, il approche, il appelle, on ne lui répond point ; il tire la porte à lui, tout est noir et silencieux ; il fait quelques pas... le pied lui manque, il tombe, roule plusieurs marches, et s'aperçoit alors qu'il a pris le chemin d'une cave. Girardière se relève en pestant, en jurant, et retourne dans la cour. La pluie tombe beaucoup plus fort : notre épouseur est de très mauvaise humeur, le pavé de la cour, presque tout recouvert d'herbe, est infiniment glissant, et malgré la pluie qui tombe, il faut marcher avec précaution, sous peine de faire une seconde chute. Girardière arrive au milieu de la cour en disant :

— Quelle singulière maison !... c'est comme le château dans le conte de la *Belle et la Bête*... c'est fort triste, on ne se douterait jamais qu'on est dans Paris. Où diable se cache donc le portier de cette demeure ?... Ah! je crois que j'aperçois cependant une lumière... pourvu que ce ne soit pas un feu follet... Depuis que je suis tombé dans une cave, tout m'est suspect dans cette maison... Avançons avec prudence.

Et Girardière se dirige vers la petite lumière. Il arrive enfin contre les bâtiments, il frappe à un petit carreau enfumé ; une voix rauque lui crie :

— Que faites-vous dans la cour, monsieur, depuis une demi-heure au moins que je vous ai ouvert la porte ? Qu'est-ce que ce genre-là, de venir frapper aux maisons et puis d'aller se cacher dans la cave ?

— Se cacher dans la cave ! répond Girardière en entrant dans la loge pour se mettre à l'abri, parbleu, portier, je vous trouve encore fort plaisant, vous !... je suis tombé dans votre cave, où j'aurais pu même compromettre mon existence, quand on a des pièges tendus chez soi, on avertit les gens, on place des réverbères pour éclairer les personnes qui se rendent chez les locataires. Je me suis fait extrêmement mal au genou ; c'est agréable, je vais être obligé de me présenter en

— Alors, donnez-nous un merlan au gratin... pour deux.

boitant ?... Enfin, dites-moi d'abord si monsieur et madame de la Berlinguerie sont chez eux?

— Ah! monsieur va chez madame de la Berlinguerie? dit le portier en prenant un ton plus poli ; oh! c'est différent. Je vous demande bien pardon alors de la méprise ; c'est que, voyez-vous, monsieur, dans le Marais il y a une foule de petits polissons qui passent leur soirée à faire endiabler tous les concierges ! ces drôles-là ne savent quels tours nous jouer, quelle méchanceté nous faire. D'abord ils frappent aux portes cochères, nous ouvrons et il n'entre personne ; alors nous sommes obligés de nous lever, de quitter notre loge pour aller fermer la porte, une autre fois ils entrent, mais c'est pour faire des infamies dans la cour, nous sommes encore obligés de sortir de notre loge pour les chasser. Nous accourons armés d'un fouet ; mais, quand nous croyons mettre la main dessus, ils se sauvent en nous riant au nez. Ce sont des drôles qui périront sur l'échafaud, certainement. Une autre fois...

— Portier, c'est assez, vous me direz le reste une autre fois. Est-ce qu'il y a de la société ce soir chez M. de la Berlinguerie ?

— Oui, monsieur, oh! oui, il y a beaucoup de monde, grande compagnie, c'est leur jour de réception. Il est monté quatre personnes, dont une avec une lanterne magique, que je crois être susceptible d'être pour amuser le petit M. Philopusse ; vous savez, c'est le petit jeune homme, le frère de mademoiselle; celui qui est inspiré, à ce qu'on assure. Ce pauvre garçon! je ne sais pas ce qui peut l'inspirer comme ça; mais il passe son temps à faire des bêtises dans cette cour! Il fait tomber les seaux dans le puits; il jette des pierres dans les carreaux; il montre sa langue à tout le monde...

— Très bien, portier, me voici un peu plus propre; je puis me présenter maintenant. Où est le logement de madame de la Berlinguerie?

— Monsieur, c'est au second, la porte à gauche; d'ailleurs il y a une corne de cerf au cordon de la sonnette.

— Il suffit; la corne me guidera.

Théophile Girardière monte l'escalier et arrive au second, précédé par deux coups de sifflet qui ont déjà annoncé une visite pour la famille de la Berlinguerie. Notre homme à marier voit la corne de cerf qui a remplacé le gland de la sonnette, il la saisit et la tire avec une secrète émotion et en se disant :

— Drôle d'invention de mettre du cerf à sa porte! Certainement, quand je serai marié, j'aurai un gland à ma sonnette, c'est infiniment préférable à une corne.

On ne tarde pas à ouvrir; Girardière entre dans un appartement très vaste, mais où les meubles sont fort rares. Dans l'antichambre il n'y a absolument rien; dans la salle à manger on trouve deux banquettes; dans la chambre de monsieur, qu'il faut traverser pour arriver au salon, on ne voit, avec le lit, qu'un vieux bureau et deux fauteuils; enfin, dans le salon, où Girardière ne tarde pas à pénétrer, il n'y a, en sus d'un vieux canapé, que juste ce qu'il faut de chaises pour faire asseoir la société lorsqu'elle est au grand complet, c'est-à-dire pour une quinzaine de personnes. Girardière se dit en observant la rareté des meubles :

— Les personnes d'esprit attachent peu d'importance aux objets de luxe et se contentent du strict nécessaire. Tant mieux! mademoiselle Arabella est alors une demoiselle économe, cela me convient parfaitement; présentons-nous avec aisance et tâchons de nous énoncer d'une manière spirituelle.

Quand Théophile entra dans le salon, tout le monde était assis, on formait un demi-cercle. M. de la Berlinguerie, enfoncé dans un vieux fauteuil, était en train de dire à la société un logogriphe de sa composition. Madame son épouse était assise sur le canapé, tenant sa redoutable canne sur laquelle elle appuyait sa main gauche. Une vieille dame, mise avec beaucoup de coquetterie, était près d'elle et tenait sur ses genoux une petite lanterne magique en fer-blanc qu'elle semblait regarder avec complaisance. La superbe Arabella était un peu plus loin; ses regards planaient sur toute la société dont elle paraissait attendre des hommages. Trois messieurs s'étaient placés sur des chaises immédiatement après le canapé. Le premier, qui pouvait avoir soixante ans, était un personnage grave, long, dont la main devait avoir tenu une férule. Après ce monsieur venait un jeune homme qui souriait continuellement et de la meilleure foi du monde, écoutant avec une religieuse attention, tendant le cou vers M. de la Berlinguerie, roulant ses yeux comme des boules de loto et paraissant enchanté de se trouver en si bonne compagnie. Ce jeune homme, qui annonçait dix-neuf ans au plus, avait un petit habit noisette râpé, dont les manches n'arrivaient point à quatre pouces de sa main, et un pantalon également si court que fort souvent il était obligé de le retirer par le bas pour qu'il ne devînt point une culotte. Mais à cela près cet adolescent était fort présentable. Enfin après lui était le dernier étranger. Un gros papa entre deux âges, figure rubiconde et tout ce qui annonce un homme heureux de sa position sociale. Celui-ci écoutait avec infiniment moins d'attention, quelquefois il fermait les yeux, mais il les rouvrait ensuite et les frottait avec vivacité, surtout lorsqu'il entendait tousser son voisin, dont les regards sévères semblaient lui reprocher son envie de dormir.

Quant au petit Philéosinus, il n'était point dans le cercle, couché par terre dans un coin du salon, il s'amusait à faire des châteaux de cartes, riait par instants comme un hébété, puis se roulait jusqu'au canapé, tirant alors les jambes aux personnes qui étaient dessus.

L'arrivée de Théophile n'interrompt point le maître de la maison; on se contente de saluer gravement le nouveau venu; on lui indique un siège; puis on continue de s'occuper du logogriphe, qui est une des récréations habituelles chez les parents d'Arabella. Théophile est donc obligé de s'asseoir et d'écouter ainsi que les autres, mais il porte très peu d'attention au logogriphe; ses yeux se tournent incessamment sur la fille de la maison, qu'il n'avait pas vue depuis longtemps et qu'il trouve singulièrement grandie. Il juge que mademoiselle de la Berlinguerie doit employer beaucoup d'étoffe pour ses robes, mais ces considérations mercantiles ne l'arrêteront pas; et, à force de vouloir se persuader que cette jeune personne est jolie, il finit par lui trouver un faux air de ressemblance avec la Vénus pudique. M. de la Berlinguerie ayant achevé son logogriphe, les assistants restent quelques instants plongés dans un grand silence. Chacun cherche le mot ou du moins est censé le chercher. Le maître d'école tousse, se frotte le front, se mouche, se gratte l'oreille et s'écrie enfin :

— Je ne devine jamais bien le soir, mais demain matin, en m'éveillant, je suis certain que je le saurai.

Le jeune adolescent roule ses yeux hagards, tire ses manches, tire son pantalon et dit :

— Le mot est moutarde ou vinaigre.

A quoi mademoiselle Arabella répond :

— Vous en êtes à cent lieues.

Quant on est arrivé au gros monsieur, on est obligé de lui répéter trois fois la même question, pour lui faire ouvrir les yeux, qu'il s'obstine à tenir fermés ; en les ouvrant, il murmure :

— Le mot, j'y rêvais ; je vous assure que j'y rêvais.

On s'adresse bientôt à Théophile ; celui-ci semble tout surpris qu'on lui demande s'il a deviné le logogriphe, et il dit naïvement.

— Il m'eût été assez difficile de deviner votre charade, car je vous avoue que je ne l'ai point écoutée. Cette réponse est loin de satisfaire l'honorable assemblée, et la mère d'Arabella, frappant de sa canne sur le parquet, dit d'un air piqué à Théophile :

— Et à quoi pensez-vous, monsieur, si vous n'écoutez pas ce que nous disons, quel est donc le motif qui nous a procuré l'avantage de vous voir après un si long intervalle écoulé depuis votre dernière visite?

Théophile rougit et demeure fort embarrassé ; il ne veut pas faire sa demande en mariage devant tout le monde ; et, baissant les yeux, il murmure entre ses dents :

— Plus tard, madame, j'aurai l'honneur de m'en expliquer ; mais, en général, je n'ai jamais été, non, jamais été fort sur les énigmes et les logogriphes ; il faut pour cela dans l'esprit une certaine aptitude que je ne possède pas.

Madame de la Berlinguerie regarde son mari, celui-ci regarde sa fille, et Arabella ne peut maîtriser un petit mouvement d'épaules accompagné d'un pincement de lèvres qui doivent vouloir dire infiniment de choses. Mais bientôt, s'adressant à la société, elle dit:

— Je vais réciter à la compagnie quelques charades de ma composition ; puis, si cela ne se prolonge pas trop, nous terminerons la soirée par des bouts rimés.

La société témoigne qu'elle sera fort satisfaite de ce surcroît de plaisir. La dame qui tient sur ses genoux la lanterne magique est la seule qui soit disposée à faire de l'opposition ; remuant assez vivement les verres coloriés qui sont à côté d'elle, elle dit :

— Mais j'avais cru que, pour distraire le petit Philéosinus, on se donnerait le plaisir de...

Madame de la Berlinguerie ne laisse pas cette dame achever sa phrase ; elle l'interrompt en s'écriant :

— Mon fils joue ; il s'amuse beaucoup en cet instant, et je pense qu'il vaut mieux remettre à une autre fois le spectacle de la lanterne magique. Arabella, dis-nous tes charades, ma fille, nous sommes tout oreilles.

Arabella, docile aux volontés de sa mère, fait une charade pour la société. Chacun écoute avec attention, ou du moins en a l'air. Girardière seul, toujours préoccupé de son projet de mariage, ne peut appliquer son esprit à deviner le mot ; et quand la demoiselle lui dit :

— Eh bien ! monsieur, quel est mon premier, mon second, mon tout ?

— Votre tout, mademoiselle, reprend Théophile. Ah ! c'est singulier, je n'y suis pas ; je vous avouerai que je n'ai pas pu saisir votre tout.

Un murmure désapprobateur se fait entendre dans le salon, et on ne daigne plus jeter les yeux sur Girardière ni lui adresser la parole. Les plaisirs spirituels que l'on goûte chez M. de la Berlinguerie ne passent jamais neuf heures et demie. A cette heure toute la société se lève et prend congé. Au lieu de faire ainsi que les autres, Théophile reste et, s'approchant avec embarras du père d'Arabella, lui demande un instant d'entretien particulier. Le vieux monsieur croit qu'il s'agit d'un logogriphe qu'il veut lui soumettre, et il fait passer Girardière dans son cabinet, où celui-ci, après son préambule ordinaire, lui demande la main de sa fille. M. de la Berlinguerie est très désappointé ; il s'attendait à tout autre chose, il répond sèchement :

— La main de ma fille ! cela ne me regarde pas. Au reste, j'en parlerai à ma femme. Revenez demain, monsieur, et je vous communiquerai la réponse de ces dames.

Girardière s'éloigne assez mécontent de l'accueil qu'il a reçu, il est très fâché de n'avoir pu deviner la charade de Mlle Arabella, et passe toute la nuit à en chercher le mot. Le lendemain il retourne rue des Trois Pavillons. Cette fois il ne s'égare pas dans la cour et ne roule pas dans la cave ; il arrive droit chez M. de la Berlinguerie, qu'il trouve seul. Théophile, qui est pressé de savoir à quoi s'en tenir, demande tout de suite quelle a été la réponse de ces dames. Le vieux monsieur lui dit fort sèchement :

— Vous êtes refusé, mon cher ami.

— Refusé ! s'écrie Girardière ; et puis-je savoir pour quelle raison ?

— On ne m'en a donné qu'une seule, que j'aimerais autant ne point vous rapporter.

— Et moi, monsieur je tiens à la savoir.

— Eh bien, mon cher, ma fille vous refuse parce qu'elle vous trouve trop bête.

Girardière ne veut pas en entendre davantage, et, enfonçant son chapeau sur sa tête, il s'éloigne en disant :

— Après tout, monsieur, j'aime mieux être tel que je suis, que d'être *inspiré* comme M. votre fils,

CHAPITRE VIII

CHEZ LE TRAITEUR

Et je ne vous raconterai pas toutes les demandes en mariage qui suivirent celles de mesdemoiselles Grandvillain, Duhaucourt Belleville, et Lapoucette; je me contenterai de vous dire qu'elles n'eurent pas de plus heureux résultats; et pourtant Girardière s'était amendé ; il en était venu à demander des demoiselles de trente-six ans, des veuves, presque des douairières; mais une secrète fatalité semblait le poursuivre, et il était encore garçon. Cependant, le temps s'écoulait il avait accompli sa quarante-neuvième année et entrait dans sa cinquantième.

Et puis le chagrin qu'il éprouvait d'être sans cesse refusé contribuait encore à le vieillir. Il perdait ses couleurs, son appétit et ses derniers cheveux. Il était sans cesse morose ; il ne pouvait plus apercevoir une jolie femme sans faire la grimace et se dire :

— Encore une qui ne sera pas pour moi !

Et quand il poussait de gros soupirs, assis près de sa vieille mère, celle-ci lui disait:

— Mon petit, crois-moi... ne te presse pas de te marier !... Tu as bien le temps... avec ta tournure, tes avantages, on trouve des partis tant qu'on en veut... Souviens-toi qu'il faut se hâter lentement !

Les discours de la bonne femme commençaient à impatienter le pauvre Théophile ; et un jour que la maman Girardière s'était étendue plus que de coutume sur le physique et les avantages de son fils, celui-ci prit son chapeau et, au lieu de dîner chez lui, s'en alla chez un traiteur. C'est positivement à ce moment que nous en étions, lorsque nous avons commencé cette histoire.

Maintenant que vous connaissez suffisamment les précédents de M. Girardière, ayez la complaisance de revenir avec lui chez le traiteur.

Girardière s'est placé à une table à laquelle est déjà un monsieur d'un certain âge. Mais dans un salon de traiteur, lorsqu'il y a foule, on se contente d'une moitié, et quelquefois d'un quart de table.

Le voisin de Girardière était un homme d'une telle corpulence, qu'à lui seul il remplit tout son côté de table. Ce monsieur, tout entier au plaisir qu'il éprouve à se nourrir, ouvre une énorme bouche toutes les fois qu'il y présente le bout de sa fourchette; c'est le tableau du gourmand en action ; il ne s'inquiète nullement de ce qui se passe autour de lui; il dîne, et l'on voit que pour lui c'est l'affaire la plus importante de sa journée.

Girardière prend une carte et y jette nonchalamment les regards. Il n'a pas d'appétit, et pourtant il voudrait se procurer quelque plaisir en dinant bien.

Le garçon s'arrête devant Girardière.

— Que faut-il servir à monsieur ?

— Hom !... hom !... je ne sais pas... nous allons voir.

— Garçon ! ma côtelette ? dit le gros monsieur sans ôter les yeux de dessus son assiette, qui contenait les débris d'un perdreau.

— Dans l'instant, monsieur.

Une famille entre, et parvient à se placer à une table à côté de Girardière : c'est un bon bourgeois de la rue Saint-Denis, avec sa femme, qui a un chapeau avec des fleurs, dont on ne voudrait pas pour faire une enseigne; puis une petite fille de dix ans, qui est habillée à l'instar de madame sa mère, ce qui lui donne l'apparence d'une petite bossue ; puis un petit garçon de huit ans, à qui l'on fait porter un chapeau rond à larges bords.

Tout cela ne se place pas sans peine. D'abord le chef de famille veut ôter la redingote qu'il porte par-dessus un habit ; mais quand elle est ôtée, il cherche des yeux, et ne voit pas où la placer. Toutes les patères sont garnies de chapeaux ; il n'y a point de chaises libres. Ce monsieur se décide à remettre sa redingote.

Ensuite, c'est la dame qui a envie d'ôter son chapeau, qui le dénoue... qui cherche des yeux un endroit où sa coiffure n'aura rien à craindre, et finit par faire comme son mari, garder son chapeau.

La petite fille s'est placée la première; mais elle est assise trop bas; le chef de famille demande au garçon :

— Un coussin... un tabouret, quelque chose pour mettre sous ma fille !

Le garçon s'éloigne et revient au bout de quelque temps avec un gros paquet que l'on arrange sur la chaise de la petite fille. Le garçon croit en être quitte et demande si l'on veut des huîtres.

— Il nous faudrait maintenant quelque chose pour mettre sous mon fils. Vous voyez, la table lui va au nez... ça le gênerait pour porter la fourchette à sa bouche...

— Non, papa, dit le petit garçon, oh! je mangerai la même chose... je suis assez grand.
— Je vous dis, Fanfan, que la table est trop haute pour vous. Ne faites pas le raisonneur, sinon nous ne prendrons pas d'omelette soufflée.

Le garçon s'éloigne, et revient enfin avec un de ces ronds en cuir dont les employés font un fréquent usage dans les administrations.

— Je n'ai pu trouver que cela, monsieur...
— C'est fort bien... c'est ce qu'il faut.

On met le rond sur la chaise du petit garçon, qui ne veut pas s'asseoir dessus et s'écrie:

— Tiens !... pourquoi donc qu'on me donne une chose trouée comme ça?... Je ne veux pas de ça, c'est vilain...

— Taisez-vous, monsieur Fanfan !... encore une fois, soyez sage, ou point d'omelette soufflée !

Cette menace produit toujours son effet ; le petit garçon s'assied sur le rond en cuir, mais il fait la grimace et ne cesse pas de se remuer sur sa chaise.

— Prendrez-vous des huîtres? répète le garçon.
— Je prendrai d'abord une chaufferette pour mettre sous mes pieds, dit la dame. J'ai froid aux pieds... et vous; mes enfants... voulez-vous quelque chose... un petit banc pour mettre vos pieds ?...

— J'ai faim... j'ai faim!...
— Chut! soyez sages!... ma femme, veux-tu me passer la carte?...
— Oui, mon cher ami.

Le monsieur regarde la carte pendant fort longtemps ; on croirait qu'il lit le *Moniteur*.

Le garçon revient encore avec une chaufferette qu'on met sous les pieds de madame. Il varie sa question...

— Que faut-il vous servir?

Le monsieur passe sa carte à sa femme en lui disant :

— Vois donc ce que tu veux manger.

La dame se met à étudier la carte, et, comme elle reste dessus aussi longtemps que son mari, le garçon va servir ailleurs.

— Ma côtelette, et pas trop cuite, surtout !... dit le voisin de Girardière. Quant à celui-ci, il a dit au garçon :

— Apportez-moi quelque chose de bon... ce que vous voudrez, je m'en rapporte à vous.

— Garçon ! garçon ! crie le chef de famille.

Le garçon accourt; il croit qu'on va lui commander le dîner, il tend le cou et prête l'oreille.

— Nous n'avons point de salière, garçon !... à quoi donc pensez-vous ?... Est-ce qu'on peut dîner sans salière?...

Le garçon en prend une sur une table voisine, et l'apporte à la respectable famille en disant :

— Avez-vous décidé ce que vous voulez prendre?...

— Ma bonne, as-tu décidé ce que tu veux prendre? dit le monsieur en s'adressant à sa femme, qui a l'air d'apprendre la carte par cœur.

— Mais je cherche... je ne sais pas... Tiens, je t'en prie, mon ami, commande à ton goût !...

— Non ma chère, prends au tien, moi j'aime tout.

— De l'omelette soufflée, papa! dit le petit garçon en s'agitant sur son rond de cuir.

— Oui, Fanfan... oui, nous en demanderons si vous êtes sage, mais nous ne pouvons pas commencer le dîner par là... Eh bien! ma femme... que demandes-tu?

La dame repasse la carte à son mari en disant :

— Ah! ma foi, il y a tant de choses là-dessus, que ça m'embrouille, moi! je ne m'y reconnais plus !...

— Il faudrait pourtant nous décider ; quel potage?...

— Tiens-tu à du potage?...

— Nous en prenons tous les jours chez nous, et tu le fais délicieux! Ma foi, non je n'y tiens pas !... Garçon! garçon !

Le garçon revient tout essoufflé.

— Garçon, nous ne prendrons pas de potage...

— Voulez-vous des huîtres, alors?

Le monsieur regarde sa femme, la dame regarde sa fille, la petite fille regarde son frère, et celui-ci regarde son rond de cuir, auquel il ne peut pas s'habituer.

Le chef de famille renouvelle sa question, sa femme lui pousse le genou par dessous la table, puis lui fait des signes de tête en répondant :

— Moi, je ne tiens pas du tout aux huîtres... Est-ce que tu y tiens, toi?

— Pas du tout, je te l'assure.

Et la dame ajoute à voix basse :

— C'est trop cher, les huîtres !... Il y a un citron !... et d'ailleurs cela ne fait aucun profit, ça donnerait plutôt de l'appétit.

— Garçon !... ici, garçon !

— Voilà, monsieur!

— Nous ne prendrons pas d'huîtres.

Le garçon commence à prendre de l'humeur, il s'en va en haussant les épaules ; le monsieur et sa femme se remettent à étudier la carte. Les enfants, qui croient qu'on les a amenés là seulement pour contempler une salière et des carafes, s'amusent pour passer le temps, à renverser le poivre sur la table.

Le voisin de Girardière a avalé sa côtelette. Girardière n'ose pas lever les yeux sur lui, de crainte d'apercevoir cette énorme bouche qui s'ouvre grande comme une cheminée à la prussienne et menace de tout engloutir.

Un jeune homme, qui vient de payer sa carte, se lève et s'arrête en passant devant Girardière; il lui tend la main en lui disant :

— Eh! bonjour, cher ami!... Comment! nous dînons tout seul?... Oh! mais il fallait donc venir vous mettre à côté de moi! vous m'auriez fait grand plaisir.

— Je ne fais que d'arriver.

— Eh bien! avons-nous été voir la dame en question... ça fait-il votre affaire? hein... qu'en dites-vous?

— Ah! oui!... à propos, vous êtes bien aimable, vous m'indiquez un café en me disant que la limonadière est veuve et désire se marier, vous m'engagez à aller la voir; moi j'y vais... je me dis : la vue n'en coûte rien! et pourtant ça m'a coûté une bavaroise au lait. N'importe, je vois une très jolie femme, de la grâce, de la jeunesse encore. Je vais causer au comptoir tout en payant ma bavaroise; on me répond d'une façon aussi gracieuse que spirituelle!... je suis enchanté!... Pendant six jours de suite, je retourne au café, où je fais une très grande consommation. Enfin, le septième, je me décide à faire quelques avances, quelques propositions à la jolie limonadière; mais aux premiers mots, elle m'arrête en me disant :

— A qui monsieur croit-il parler?

— A une veuve charmante à laquelle je ne serais nullement éloigné d'offrir mon cœur et ma main.

— Monsieur, vous êtes bien honnête, mais vous faites erreur, je suis mariée, et j'ai trois enfants...

— Cependant, madame, on m'avait assuré que la maîtresse de cet établissement était veuve.

— On ne vous a pas trompé, monsieur, mais je ne suis pas la maîtresse de cet établissement; elle a été obligée de faire un petit voyage pour affaire d'intérêt, et m'a priée de vouloir bien tenir son comptoir pendant son absence : elle ne reviendra que dans deux jours.

Là-dessus je reste un peu sot; cependant je fais mes excuses, et je m'éloigne en me promettant de retourner au café le surlendemain. Je ne manque pas en effet de m'y rendre. La propriétaire du café, la veuve, était revenue en effet... Ah! juste ciel, quelle différence! je vois au comptoir une femme horrible qui a cinquante ans et un goître!... Je me suis sauvé sans rien prendre.

— Ah! ah! ce pauvre Girardière!... que voulez-vous, il n'y a pas de ma faute... j'avais vu une jolie limonadière et on m'avait dit : La maîtresse de l'établissement cherche un mari... je ne pouvais pas me douter que ce n'était pas celle-là. N'importe, je vous chercherai autre chose, et je vous en ferai part. Comptez toujours sur moi.

— Merci, infiniment obligé... j'aime autant chercher moi-même, ça vous en évitera la peine.

Le jeune homme s'éloigne en riant; et Girardière se remet à dîner en se disant :

— J'ai bien assez de ses services, à celui-là... il me cherche des femmes pour m'attraper des dîners... il m'envoie chez des personnes qui ne savent pas ce que je veux dire; il me donne de fausses adresses!... Non, je ferai désormais mes affaires moi-même; et si le ciel a décidé que je devais rester célibataire... Eh bien, il faut savoir en prendre son parti!... Ah! maudit épagneul!... sans toi je posséderais maintenant la petite Grand-vilain... Aussi, depuis ce temps, je ne puis plus voir un chien!... je les ai pris en aversion.

— Garçon!... ici donc, garçon!... voilà une heure que j'appelle; vous n'êtes pas à votre affaire.

C'est le chef de famille qui se tourne à droite et à gauche en criant; et le garçon, qui l'entend fort bien, fait exprès de le laisser appeler.

— Garçon!... nous servirez-vous enfin?

— Mais, monsieur, vous ne m'avez rien demandé... voilà vingt fois que je m'informe de ce que vous voulez prendre, vous n'êtes jamais décidé, j'ai du monde à servir.

— On peut bien se donner le temps, il me semble... Garçon, apportez-nous un bœuf au naturel.

— Un bœuf seulement... pour vous quatre...

— Ah! au fait... comme j'ai amené mon fils qui mange beaucoup, deux bœufs, garçon, deux beaux bœufs.

— Cela suffit, monsieur.

— Mais je ne l'aime pas, papa, le bœuf, crie le petit garçon en usant toujours sa culotte sur le rond de cuir.

— Taisez-vous, Fanfan... ce petit bonhomme devient d'une gourmandise extraordinaire!

— Quel vin prenez-vous, du blanc ou du rouge?

— Quel vin?... Ah! c'est juste... il y a différents vins ici... Ma femme, quel vin prendrons-nous?

— Mon ami, cela m'est égal, tu sais que j'en bois fort peu, et jamais sans eau. Oh! pas une goutte sans eau.

— C'est vrai... malgré cela, une fois par hasard, chez le traiteur, on est bien aise de... voyons l'article de vins.

Le garçon s'en va, parce qu'il prévoit que l'on sera aussi longtemps à se décider pour le vin que pour le reste.

Le monsieur qui ouvrait une si grande bouche, après avoir fait disparaître du fromage et des pruneaux qu'on lui avait servis vient de payer sa carte et se lève.

Girardière se trouve alors seul possesseur de sa

table, il n'en n'est pas fâché ; il s'étale, se met à son aise, et peut éloigner de son assiette sa carafe et sa bouteille.

Le chef de famille se retourne et cherche le garçon auquel il crie :

— Du vin ordinaire... mais du meilleur !

— Voici votre bœuf, monsieur.

— Ah ! très bien.

— Qu'est-ce que vous prendrez après cela ?

— Nous allons voir... As-tu la carte, ma femme ?

— Tu l'as sur tes genoux, mon ami.

— Ah ! c'est juste... nous nous consulterons.

Girardière venait d'espacer ses assiettes et son pain, il se disposait à son aise et risquait un de ses coudes sur la table, lorsque deux dames entrent dans le salon du restaurant.

L'une est âgée, sa mise est modeste mais décente, sa tournure celle d'une honnête rentière qui habiterait la province, et ne viendrait à Paris que pour toucher son semestre.

L'autre est jeune ; sa figure fraîche et assez gentille accuse dix-neuf ans ; sa toilette est aussi modeste que celle de la vieille dame ; sa tournure est embarrassée : si elle vit à Paris, ce doit être dans le fond de quelque faubourg.

Ces deux dames ont rougi en entrant dans le salon comme des personnes qui n'ont pas l'habitude de dîner en public. Elles ne savent si elles doivent avancer ou reculer ; tout ce monde qui les regarde les effraye ; mais le garçon s'empresse de les conduire à la table où dîne Girardière ; il les fait asseoir à la place qu'occupait le gros monsieur en leur disant :

— Vous serez très bien là, mesdames... très bien... Monsieur voudra reculer un peu son assiette.

Cette invitation s'adressait à Girardière, qui est très contrarié de ne pas pouvoir s'organiser comme il lui plaît, mais qui pourtant retire à lui son plat et sa bouteille, parce qu'on n'a pas le droit de faire le despote dans un salon de restaurateur.

Les deux dames font une inclination de tête à leur vis-à-vis, pour le remercier de sa complaisance, puis elles commandent leur dîner au garçon.

Girardière examine ses voisines : à leurs manières, à leur langage, à leur tournure, on voit que ce sont des femmes honnêtes, et quoiqu'on dise qu'à Paris il est facile de se tromper et de commettre de graves erreurs, si une femme entretenue peut tromper par sa toilette, on la reconnaîtra toujours en l'écoutant parler.

La jeune personne est gentille ; sa fraîcheur, son air de modestie lui donnent beaucoup de charmes. Plus Girardière l'examine et plus il retire à lui son assiette et son pain ; c'est au point que la vieille dame lui dit :

— Monsieur, vous êtes trop bon... ne vous gênez donc pas tant pour nous ; nous aurons toujours bien assez de place ! Oh ! ne vous gênez pas, je vous en prie !

— Comment donc, mesdames, mais c'est un plaisir... je suis trop heureux... avancez donc votre cuiller... vous n'avez pas de pain... garçon, du pain à ces dames !

— En vérité, monsieur, nous sommes bien heureuses, ma nièce et moi, de nous trouver près d'une personne aussi honnête... nous n'avons point l'habitude de dîner chez les traiteurs... c'est un petit extraordinaire que nous faisons. Je craignais d'abord que cela ne fût inconvenant d'aller deux femmes dans un salon de restaurateur ; mais on m'a assuré qu'à Paris cela ne tirait point à conséquence et nous nous sommes risquées.

— Et l'on vous a dit vrai, madame ; à Paris on fait assez ce qu'on veut, il y vit tant de monde qu'on a fini par ne s'y occuper de personne. Madame n'habite pas la capitale habituellement, à ce que je vois ?

— Non, monsieur, je suis venue m'y fixer à cause de ma nièce, qui a l'intention de s'y établir. Aujourd'hui nous avons formé le projet d'aller au spectacle dans ce quartier, ce sera la première fois que j'irai au spectacle à Paris ; et de crainte de ne pas arriver assez à temps, nous avons dit : Il faut aller dîner auprès du théâtre, car je crois que c'est très difficile de trouver de la place au spectacle ; les journaux assurent que le théâtre ici à côté est toujours plein.

— Madame, si vous aviez l'habitude de Paris, vous verriez qu'il ne faut jamais se fier aux journaux ; en politique comme en littérature, ils prônent leur parti ou leur coterie !... A force de mentir, ils se sont fait beaucoup de tort à eux-mêmes. Quant à moi, je vous certifie que vous avez bien le temps de dîner, et que vous trouverez aisément de la place au théâtre voisin, quoique le journal vous ait dit que la salle était pleine tous les soirs.

La dame s'incline, et comme le garçon apporte ce qu'elle a demandé, elle se met à dîner avec sa nièce, et sa conversation avec Girardière est momentanément interrompue. Mais celui-ci, qui était à la fin de son repas, se décide à demander un plat de plus, parce qu'il ne veut pas s'en aller encore et que tout en mangeant il pourra entendre et observer ses deux voisines.

— Garçon !... garçon ! il n'est jamais là, ce garçon ! crie le père de famille en frappant de son couteau contre une carafe.

Le garçon accourt enfin et lui demande ce qu'il veut.

— Garçon, le saumon est-il bien frais?...
— Oui, monsieur.
— Vous en répondez.
— Oh! monsieur, je vous certifie que le saumon est très frais...

Le monsieur regarde sa femme, puis regarde la carte, et reprend après avoir froncé le sourcil :

— Alors... donnez-nous un merlan au gratin. Fanfan, avez-vous bientôt fini de vous trémousser sur votre chaise!... Il ne reste pas dix minutes en repos, ce petit bonhomme! Il est vraiment insupportable.

— Papa! et l'omelette soufflée?... dit le petit garçon d'un ton pleurard.

— Silence donc, monsieur!... Voyez votre sœur comme elle est raisonnable, elle ne souffle pas... Ma fille, es-tu contente de dîner chez le restaurateur?

La petite fille regarde son père d'un air bête et répond :

— Je ne sais pas, papa.
— C'est bien... tu es sage, toi... voilà comme j'aime que l'on réponde.

La dame et sa nièce dînaient et parlaient peu; la jeune personne qui paraissait timide et embarrassée, n'osait pas tourner la tête pendant qu'elle mangeait, et se contentait de regarder son assiette.

Girardière, sans en avoir l'air, observait ses voisines; il aurait voulu renouer la conversation, mais il craignait d'être indiscret et attendait un moment opportun.

Cependant la tante s'était fait servir des mauviettes, et, tout en les mangeant, la jeune personne dit en poussant un léger soupir :

— Ah! si M. Frontin était là!... lui qui aime tant les mauviettes, comme il se régalerait!

La tante se contenta de répondre :
— C'est vrai.

Girardière se mit à faire des conjectures dont le résultat fut :

— Il paraît que ce monsieur Frontin est un ami de ces dames et qu'il aime passionnément les mauviettes.

— Voici le merlan demandé! dit le garçon en mettant un plat devant le père de famille.

— Il est bien petit!...
— Dame, monsieur, vous n'avez demandé que pour un.
— Sans doute, mais, pour un, on doit avoir un beau merlan!... Et vous marquez cela vingt-cinq sous... diable! c'est fort cher ici.

Ce monsieur ne s'en met pas moins en devoir de servir sa famille. Il donne à sa femme la tête, à sa fille la queue, à son fils l'arête du milieu, et prend pour lui tout ce qui reste.

Cette distribution ne semble pas satisfaire le petit garçon, qui se tortille de plus belle sur sa chaise et se permet de dire :

— J'ai faim, moi!... et on ne me donne que des riens du tout à sucer!

Les réflexions du fils ne cessent pas, monsieur son père lui donne du manche de son couteau sur les doigts. Il s'ensuit une grande explosion de pleurs et de cris. Le père se lève et veut mettre son fils à la porte du salon; le petit garçon, qui croit que son père veut le battre, se laisse glisser de sa chaise sous la table en entraînant avec lui le malheureux rond de cuir. Le rond va rouler sur une table voisine, où monsieur, en se baissant pour le ramasser, s'aperçoit que sa femme a le pied beaucoup trop près de celui d'un jeune homme assis à son côté. Le mari se relève fort en colère et adresse des mots piquants à sa femme. Celle-ci se trouble, et prend le parti de se trouver mal. Plusieurs personnes se lèvent pour lui donner du secours et l'emporter, c'est un mouvement presque général dans le salon. Le mari jaloux insulte le jeune homme, celui-ci réplique avec emportement; ils sortent tous deux; un duel s'ensuit le lendemain matin; et tout cela parce que le père de famille n'avait donné à son fils qu'une arête de merlan.

Enfin le calme est rétabli dans le salon, où Girardière et ses deux voisines sont les seuls qui soient restés paisibles à leur place. De temps à autre, la jeune personne dit à sa tante :

— Pourvu que nous trouvions de la place au spectacle, ma tante.

— Ma chère Augustine, n'as-tu pas entendu monsieur, il nous a dit que nous pouvions dîner tranquillement.

— Et j'ai l'honneur de vous le répéter, mesdames, reprend Girardière, d'ailleurs... comme je vais aussi au théâtre voisin, si vous le permettez, mesdames, j'aurai le plaisir d'entrer avec vous, et je me fais fort de vous placer parfaitement.

— Monsieur, en vérité, vous êtes trop bon, dit la tante, nous acceptons avec reconnaissance! car ma nièce va si rarement au spectacle, qu'elle serait désolée de ne pas bien voir, cette chère enfant!

— C'est fort naturel, mais mademoiselle peut se fier à moi. Je serais désespéré qu'elle ne fût pas bien.

La jeune personne sourit en remerciant Girardière d'une façon tout aimable. Celui-ci est enchanté d'avoir conçu l'idée d'aller au spectacle

Ces animaux-là m'ont condamné au célibat.

avec ses voisines, car plus il regarde mademoiselle Augustine, et plus il se sent disposé à en devenir amoureux. C'est même déjà une chose faite : le temps de manger un fricandeau et des mauviettes était plus que suffisant à Girardière pour s'enflammer.

Mademoiselle Augustine est jeune, gentille ; elle a l'air un peu simple, un peu gauche peut-être, mais aux yeux du célibataire ces défauts sont des qualités, il se dit :

— Cette jeune fille arrive de province avec sa tante dans le dessein de s'établir ; je ne sais pas dans quel genre, mais peu m'importe. Elle n'a point encore pris les goûts frivoles et les manières coquettes des demoiselles de Paris. Si elle épousait maintenant un homme sage, rangé... comme moi, par exemple, il est probable que son mari en ferait une bonne ménagère... il faut que je tâche de me lier avec ces dames... Après tout, qu'est-ce que je risque !... si on me refuse... ce sera une de plus, voilà tout... mais si je réussis... Elle me regarde d'une manière très aimable, cette demoiselle, j'ai dans l'idée que je réussirai.

— Garçon !... garçon !... une omelette soufflée ! crie le père de famille en grossissant sa voix de manière à être entendu de tout le salon.

A ces mots, le petit garçon, transporté de joie, se remet à faire des bonds sur le rond de cuir que l'on a ramassé et replacé sous lui. Sa mère, qui craint de nouveaux événements, se hâte de le contenir sur sa chaise, et le papa lui dit :

— Si tu ne te tiens pas tranquille, Fanfan, tu n'en auras pas... Ah! garçon! des cure-dents.

— Voilà, monsieur.

Girardière demande des mendiants et s'amuse à casser des noisettes pour faire durer son dîner aussi longtemps que celui de ses vis-à-vis. La tante ne mangeait pas vite et ne secondait pas l'impatience de sa nièce. Mademoiselle Augustine tournait de temps à autre les yeux vers une pendule placée dans le salon et poussait un petit soupir, auquel Girardière répondait par un autre, que personne ne remarquait, quoiqu'il le prolongeât beaucoup.

L'omelette soufflée est apportée. Le petit garçon pousse un cri d'admiration, la petite fille reste la bouche béante, le père et la mère se regardent avec satisfaction; c'est un bonheur général. Il y a des gens auxquels il faut peu de chose pour être heureux; il y en a d'autres qui ne peuvent plus l'être, justement parce qu'ils ont trop de choses! Tout cela se balance.

Mais pendant que le père de famille et ses enfants sont en extase, l'objet de leur admiration diminue à vue d'œil; encore quelques minutes, et de ce monticule qui s'arrondissait avec grâce, tendu comme un ballon, il ne restera plus qu'une crêpe plate et mesquine.

La famille se hâte de faire disparaître l'omelette soufflée, ensuite le monsieur demande sa carte à payer, qui est bientôt faite, et que le garçon place devant lui. Madame se penche vers son époux pour regarder le total, puis le monsieur dit :

— On nous assassine!... c'est horriblement cher!... nous ne devons pas avoir dépensé tout cela.

— Mon ami, c'est bien facile, il n'y a qu'à vérifier les prix sur la carte. Tu calcules si parfaitement!

— Tu as raison, ma bonne...

Et les deux époux reprennent la carte du restaurant, comptent les prix, vérifient l'addition, enfin le monsieur s'écrie en frappant sur la table avec son poing :

— Garçon, il y a une erreur de cinq sous!...

— Vous croyez, monsieur, qu'il y a erreur?...

— Vous comptez du pain pour quatre, et ma femme n'a pas mangé le sien... ah! diable, il faut faire attention à ces choses-là!... Tenez, voici votre compte... il y a six liards pour vous.

Et la respectable famille, qui s'est fait donner des coussins, des ronds en cuir et une chaufferette, s'éloigne après avoir eu le soin d'emporter tous les cure-dents qu'on a mis sur la table.

La vieille dame et sa nièce avaient aussi achevé leur dîner; elles payent, Girardière en fait autant, ils sortent ensemble de chez le restaurateur.

Girardière, en chevalier galant, court prendre des places au bureau, puis il conduit les dames, les fait entrer à la première galerie, qui était aux trois quarts vide, quoique le journal eût assuré qu'on refusait du monde tous les jours; enfin, la tante et la nièce sont placées au premier rang, et Girardière se met derrière ces dames afin de pouvoir causer plus facilement avec elles deux; car il avait tout calculé, et, pendant le spectacle, il espérait faire plus ample connaissance et obtenir plus de confiance.

La tante de mademoiselle Augustine a commencé par rembourser à Girardière le prix de ses places, que celui-ci ne croit pas devoir refuser, parce qu'il n'est pas assez lié avec ces dames pour se permettre de leur offrir gratis le plaisir du spectacle. Il voudrait ensuite entrer en conversation; mais la pièce commence, et la tante ainsi que sa nièce n'entendent plus que ce qui se passe sur la scène.

Pendant que ces dames sont tout yeux et tout oreilles, Girardière continue à les observer, et il est de plus en plus satisfait de les avoir rencontrées. La tante annonce une digne femme, de bonnes mœurs, d'une sévère probité. C'est à son chapeau, à sa robe et à son sac que Girardière voit tout cela. Chacun a sa manière de juger le monde. Les uns, et ce sont les plus nombreux, s'en rapportent à l'expression de la physionomie; les autres fondent leur jugement sur la voix, sur l'écriture, sur les manières, sur la main de la personne. Girardière jugeait une femme d'après sa robe et son chapeau.

Dans un entr'acte, notre homme à marier en apprend davantage : la tante se nomme Gerbois, elle est veuve et n'a qu'une médiocre fortune; la nièce sera son héritière; mais, en attendant, sa nièce n'a rien; il faut donc qu'elle travaille pour s'amasser une petite dot et trouver à se marier, parce que maintenant une jeune fille sage trouve rarement à s'établir si elle n'apporte rien à son mari; et comme mademoiselle Augustine coud dans la perfection, on l'a amenée à Paris pour qu'elle se perfectionne dans la profession de couturière, et soit bientôt en état d'y gagner de l'argent et d'y former un bon établissement.

Girardière trouve cela extrêmement sage; il approuve la conduite de madame Gerbois et se dit en lui-même en poussant un profond soupir :

— Une femme couturière!... cela n'a rien de désagréable! quand une femme s'occupe, elle ne pense pas... ou du moins elle pense moins à écouter les galants, et, après tout, si elle n'a point de pratiques, elle est toujours en état de faire ses robes elle-même : c'est une économie... Mademoiselle Augustine me conviendrait beaucoup ; elle pourrait faire mes gilets.

Toute la soirée, Girardière contemple la jeune fille, qui ne voit que le spectacle ; et à chaque acte il devient plus épris. Comme ce soir-là on donnait des pièces fort longues, Girardière est passionnément amoureux de mademoiselle Augustine au dénouement.

Dans les entr'actes, le célibataire, tout en causant avec la tante, a eu soin de parler de lui, de sa position dans le monde et de ses mille écus de rente. La vieille dame a paru flattée de voir qu'elle avait fait la connaissance d'un homme comme il faut et d'un rentier.

Le spectacle finit. Girardière ne veut pas souffrir que ces dames reviennent seules. Elles demeurent dans le haut du faubourg Saint-Jacques : la course est un peu longue ; il offre un fiacre, la tante refuse ; il offre un *omnibus*, et on accepte.

Girardière monte avec les dames, quoiqu'il demeure rue de Paradis, qui n'est pas du côté du faubourg Saint-Jacques ; mais l'amour, qui rapproche les cœurs, confond les rangs et triomphe des préjugés, fait probablement disparaître la distance qui existe entre la rue Paradis-Poissonnière et le faubourg Saint-Jacques. Girardière se place dans la voiture à côté de mademoiselle Augustine, qui ne souffle pas mot tout le long de la route, parce qu'elle est encore toute aux impressions que le spectacle lui a fait éprouver et que ces impressions sont encore un bonheur.

Les dames descendent lorsqu'elles sont près de leur demeure. Girardière descend aussi ; il offre son bras, qui est accepté, on fait marcher encore pendant dix minutes au moins, parce que la voiture ne passait pas précisément devant la maison de ces dames. Mais Girardière ne trouve pas le chemin long ! Il tient sous son bras celui de mademoiselle Augustine ; et, comme le pavé est un peu glissant, la jeune personne s'appuie avec un abandon qui enchante son cavalier.

On s'arrête devant une maison à allée, noire et sombre, comme la plupart de celles du faubourg Saint-Jacques.

— C'est ici que nous demeurons, dit madame Gerbois ; il ne nous reste plus, monsieur, qu'à vous remercier de votre extrême obligeance.

Girardière trouvait qu'il restait encore quelque chose à lui dire, qui était de l'engager à venir quelquefois voir la tante et la nièce, enfin la permission de faire sa visite.

Comme on ne le lui propose pas, il s'enhardit jusqu'à le demander. L'amour le rendait plus téméraire.

— Monsieur, dit la vieille dame, ma nièce et moi, nous recevons fort peu de monde, car à Paris on craint de faire quelquefois de dangereuses liaisons, mais vous semblez trop honnête pour que je vous refuse la permission que vous demandez ; et, si ma société ne vous ennuie pas trop, je serai flattée de faire plus ample connaissance avec un homme aussi poli et aussi distingué.

Girardière s'incline jusqu'à terre, tant il est enchanté de ce que madame Gerbois vient de lui dire ; pendant qu'il salue, la tante et la nièce ouvrent leur allée, dont elles connaissent le secret, et, refermant la porte sur elles, laissent leur galant cavalier saluer profondément l'entrée de leur maison.

Quand Girardière s'aperçoit qu'il ne salue plus qu'une porte, il se décide à s'en aller ; mais ce n'est qu'après avoir regardé avec beaucoup d'attention la maison où demeure mademoiselle Augustine, afin de bien la reconnaître quand il reviendra au grand jour.

CHAPITRE IX

M. FRONTIN.

Girardière a rêvé toute la nuit de mademoiselle Augustine. Son image ne lui sort pas de la pensée.

Le lendemain, il va se promener dans le faubourg Saint-Jacques. Il n'osera pas se présenter chez madame Gerbois ; tant d'empressement pourrait paraître ridicule, mais il regarde la maison qui renferme la gentille couturière, et il pourra *respirer l'air qu'elle respire !* — Vous savez que les amants tiennent beaucoup à cela.

La maison où demeurent ces dames n'est ni belle ni neuve : l'allée est longue et un peu obscure, et il n'y a point de portier, ce qui est très contrariant pour quelqu'un qui voudrait prendre des informations. Girardière, après s'être promené quelque temps dans l'allée, va jusqu'à l'escalier, dont la rampe à colonnes de bois massives et grossièrement sculptées, ne fait pas honneur aux architectes de la renaissance. Il hasarde un coup d'œil et lève le nez en l'air en mettant le pied sur la première marche.

Dans ce moment, une vieille femme du premier étage, qui secouait son paillasson sur la rampe de son carré, fait tomber dans les yeux de Girardière une nuée de poussière et de brins de paille ; il se retire alors en se frottant les yeux et se dit :

— J'ai assez pris connaissance des lieux, en voilà suffisamment pour aujourd'hui ; demain je reviendrai et je me présenterai chez madame Gerbois.

Le lendemain, notre célibataire soigne sa toilette, puis se dirige vers le faubourg Saint-Jacques.

Il connaît bien la maison où demeurent les dames qu'il veut voir, mais il ignore à quel étage est leur logement. Girardière monte un escalier noir et sale, et il se décide à frapper à une porte au second étage.

Une vieille femme en camisole et qui a au moins quatre mouchoirs sur sa tête ouvre à Girardière, qui demande madame Gerbois, rentière, qui a une nièce.

— Ce n'est pas ici, monsieur...
— Elle demeure cependant dans cette maison.
— Qu'est-ce qu'elle fait, cette dame?
— Ce qu'elle fait? mais je pense qu'elle ne fait rien. Par exemple, elle a une nièce qui est couturière... une jeune personne fort intéressante, fort gentille.
— Ah! bon... alors je présume que ce sont mes voisines d'au-dessus, des dames qui sont depuis peu à Paris.
— Précisément, elles arrivent de la province.
— La chambre de la nièce est au-dessus de la mienne... elle y fait même assez de bruit, dans sa chambre!... Je ne sais pas si c'est qu'elle s'amuse à sauter et à danser sur ses talons, mais quelquefois cela m'empêche de m'endormir; du reste je ne vous dirai pas si ces dames sont aimables... je ne leur ai jamais demandé qu'un peu de feu, qu'elles m'ont refusé, sous le prétexte qu'elles n'en avaient pas!... on voit bien que cela n'a pas l'usage de Paris; cela n'est ni liant ni complaisant.

Girardière remercie et quitte la voisine, qui paraît très disposée à causer. Il monte à l'étage supérieur et frappe à la porte parallèle. On ne lui ouvre pas. Cependant il entend comme le bruit d'une chaise qu'on remue. Au même instant, une porte s'ouvre en face et madame Gerbois paraît.

— Mille pardons, madame, dit Girardière, je croyais frapper chez vous. On m'avait indiqué cette porte.
— Non, monsieur, la porte où vous avez cogné est celle de la chambre de ma nièce : c'est assez désagréable; mais que voulez-vous! à Paris on se loge comme on peut quand on n'a pas les moyens de payer cher un appartement. Donnez-vous donc la peine d'entrer, monsieur.

Girardière suit la vieille dame, qui l'accueille fort bien et l'introduit dans son logement, qui se compose d'une assez belle pièce et d'une petite cuisine.

— Vous voyez tout mon appartement, monsieur; ma nièce a ensuite sa chambre, où elle se tient rarement, parce qu'elle me fait presque toujours compagnie. Nous ne sommes pas riches et ne voulons point faire de dettes; il faut aller sagement. D'ailleurs nous ne recevons presque personne. Quelques apprenties, amies de ma nièce, et un homme établi dans cette rue, un tabletier qui vient quelquefois nous dire bonsoir, voilà toute notre société, elle est excessivement bornée.

Girardière cherche des yeux mademoiselle Augustine, qu'il n'aperçoit pas.

— Ma nièce est sortie, dit madame Gerbois, elle est allée prendre une façon de robe chez une dame qui l'aime beaucoup, mais elle ne tardera pas à rentrer.

— Je la croyais dans sa chambre, dit Girardière.

— Non, monsieur, non, elle est sortie.

Girardière, pour attendre la nièce, fait la conversation avec la tante. D'ailleurs il n'est pas fâché d'avoir l'occasion de parler de lui, de sa famille, de sa fortune; il craint tant d'être pris pour un intrigant qu'il a toujours sur lui ses quittances de loyer et sa police d'assurance contre l'incendie. Mais madame Gerbois n'a pas l'air de mettre en doute ce qu'il avance, et elle-même donne à sa nouvelle connaissance de plus amples détails sur sa famille et sa fortune. La tante ne possède que quatorze cents francs de revenus, et c'est avec cela qu'il faut qu'elles vivent, elle et sa nièce, jusqu'à ce que cette dernière ait assez de talent pour gagner de l'argent.

— Ou jusqu'à ce qu'elle soit mariée, ajoute Girardière en souriant d'un air significatif.

— Oh! monsieur, est-ce que l'on épouse les jeunes filles qui n'ont rien?... ce serait un bien heureux hasard si elle rencontrait un honnête homme qui voulût assurer son bonheur.

Girardière n'ose pas encore s'expliquer; il craint d'aller trop vite; il se contente de murmurer :

— *Il s'en présentera, gardez-vous d'en douter.*

Mademoiselle Augustine arrive; elle adresse à Girardière un aimable sourire qui achève de le transporter; il cause longtemps avec ces dames; enfin il se retire, craignant d'être indiscret à une première visite; mais il prie madame Gerbois de lui permettre de venir quelquefois passer la soirée avec elles, et la vieille tante lui assure qu'elle et sa nièce seront toujours charmées de le voir.

Girardière sort fort satisfait. Quand il est sur le carré, il s'arrête devant la porte de la chambre de la nièce en chantonnant : *C'est ici que Rose respire!...*

Alors il lui semble encore entendre du bruit dans cette chambre. Il écoute, cela cesse; il pense s'être trompé et descend l'escalier en se frottant les mains et en se disant :

— Ça va bien... ce sont des personnes honnêtes! et c'est à quoi je tiens avant tout. Car, si j'épouse une jeune fille qui n'a rien, au moins veux-je être sûr de sa vertu!... Oh! cette fois je crois que j'ai trouvé la femme qu'il me faut. J'ai eu de la peine!... mais j'y suis parvenu!

Et Girardière revient chez lui rayonnant de joie; il embrasse sa vieille mère en lui disant :

— Réjouissez-vous! bientôt vous aurez une bru qui vous tiendra compagnie!... elle vous avancera vos pantoufles et vous soufflera votre feu!... elle aura pour vous mille égards.

— Vraiment, mon petit? répond la bonne vieille qui commence à tomber en enfance, mais il me semble que tu es bien jeune pour te marier?...

Girardière ne juge pas nécessaire de répondre à sa mère, mais il va se mettre devant une glace et fait une guerre à mort à ses cheveux blancs.

Le lendemain, après avoir dîné, Théophile ne manque pas de se rendre chez madame Gerbois. Une jeune femme et un monsieur sont assis près de mademoiselle Augustine.

Le monsieur a l'air d'une oie. Il allonge son nez et contorsionne sa bouche quand il veut dire un mot, mais il se contente presque toujours d'écouter. C'est un homme entre deux âges, qu'on appelle M. Trubert, et Girardière apprend bientôt que c'est le tabletier qui demeure dans le quartier et dont on lui a déjà parlé.

La demoiselle est jeune, gentille, elle a l'air très éveillé : c'est une couturière, amie de mademoiselle Augustine.

Girardière est accueilli avec empressement; son arrivée semble faire autant de plaisir à la nièce qu'à la tante; et, comme la certitude de plaire donne de l'aplomb et de la hardiesse, Girardière se met à bavarder, à pérorer, à trancher; enfin il tient le dé de la conversation, car les dames ont l'air de l'écouter avec admiration, et le tabletier est trop timide pour oser se permettre de l'interrompre et même de lui répondre.

La soirée se passe vite; elle semble très courte à Girardière; on se plaît toujours dans une maison où l'on est écouté comme un oracle. Notre célibataire s'éloigne enchanté de l'effet qu'il a produit. Le tabletier s'en va en même temps que lui et le quitte dans la rue en lui disant d'un air profondément respectueux :

— J'ai l'honneur, monsieur, de vous souhaiter le bonsoir. C'était la plus longue phrase qu'il eût prononcée de la soirée, et encore il s'est repris à trois fois.

Le lendemain soir, Girardière retourne chez madame Gerbois, puis le jour suivant. Quinze jours s'écoulent enfin, et il est allé tous les soirs chez ses nouvelles connaissances, qui ont tellement l'habitude de le voir que l'on s'inquiète lorsqu'à sept heures du soir il n'est pas arrivé.

La société de ces dames est presque toujours la même; elle ne se compose que de la jeune couturière et du tabletier; mais celui-ci, après avoir salué en entrant et s'être informé de la santé de chacun, n'ouvre plus la bouche que pour souhaiter le bonsoir. Et Girardière se dit :

— Si M. Trubert va chez madame Gerbois pour y voir mademoiselle Augustine, à coup sûr ce n'est pas un rival bien dangereux. Il a l'air stupide, ce monsieur; et d'ailleurs il ne me fait pas du tout l'effet d'un amoureux.

Girardière avait glissé quelques mots à double entente sur ses projets de mariage; il avait laissé entrevoir qu'il cherchait une femme et ne tenait pas à la fortune. La tante avait souri d'un air attendri, et la nièce l'avait regardé du coin de l'œil en poussant un petit soupir.

Girardière s'en allait toujours en se frottant les mains et se disait :

— Ça va très bien... Je plais... on me le laisse assez voir... j'ai enfin trouvé une femme!... Le ciel soit béni! Décidément je me marierai.

Mais un soir, tout en causant avec la vieille tante, Girardière prêta l'oreille à ce que se disaient derrière lui Augustine et son amie; les jeunes filles parlaient à demi-voix. Malgré cela, Girardière entendait fort bien ces mots :

— A propos, Augustine, et M. Frontin!... Comment se conduit-il avec toi?

— Oh! très-bien!... il est charmant!...

— Tu l'aimes toujours... n'est-ce pas?...

— Si je l'aime, oh! j'en suis folle!...

— Il y a bien longtemps que je ne l'ai vu, moi.

— Quand tu voudras le voir, viens dans ma chambre, il y est presque toujours, parce que ma tante ne l'aime pas.

Les jeunes filles n'en disent pas davantage : mais ce qu'il vient d'entendre a bouleversé Girardière. Un frisson le parcourt de la tête aux pieds, puis le sang lui monte au visage, il devient pourpre et ne sait plus ce qu'il dit, au point que madame Gerbois lui demande s'il se trouve incommodé, s'il a besoin de quelque chose.

— Non, madame, je n'ai rien, absolument rien, répond Girardière en cherchant à dissimuler son trouble, et il lance un regard à Augustine; mais la jeune fille a les yeux sur son ouvrage et ne semble occupée que de ce qu'elle fait.

Tout le reste de la soirée, Girardière est distrait, préoccupé, il n'est point à la conversation, il épie les moindres mouvements d'Augustine, il prête l'oreille quand elle cause avec son amie; enfin il éprouve déjà toutes les angoisses de la jalousie; il est excessivement malheureux.

Il s'éloigne plus tôt que de coutume, et lorsqu'il est seul il réfléchit à la conversation qu'il a entendue et se dit :

— Quel est donc ce M. Frontin?... Augustine a dit qu'elle l'aimait... qu'elle en était folle!... Oh! la petite dissimulée! qui aurait jamais cru cela de cette jeune fille qui a l'air si naïf, si candide! A qui donc se fier à présent! Ce qui me fait penser que cette liaison est criminelle, c'est qu'elle a ajouté : Il vient presque toujours dans ma chambre parce que ma tante ne l'aime pas!... Voilà qui est positif. La tante n'aime pas ce monsieur; elle lui aura défendu sa porte et il va chez sa nièce!... car le fait est que je n'ai jamais rencontré ce M. Frontin chez madame Gerbois! Cela devient très inquiétant... on me fait bonne mine... on a l'air enchanté quand je parle de me choisir une femme... Aurait-on quelque intrigue criminelle, quelques antécédents coupables à cacher?... Un instant, je veux une femme, c'est vrai, mais je ne veux pas être trompé... Oh! je saurai le fin mot! J'éclaircirai tout cela!...

Girardière passe une nuit fort agitée: car, tout en se rappelant le commencement de sa liaison avec la tante et la nièce, il se souvient que chez le restaurateur, en mangeant des mauviettes, mademoiselle Augustine a poussé un soupir et dit :

— Ah! si M. Frontin était là!... lui qui aime tant les mauviettes!

Ce Frontin l'occupe donc bien... elle pense donc sans cesse à lui! oh! la perfide Augustine!...

Et Girardière se tourne et retourne dans son lit, et au bout d'un moment il se dit encore :

— Et ce bruit que j'ai entendu plusieurs fois dans la chambre de la nièce, lorsque la tante la croyait sortie... sans doute qu'alors elle y était avec ce M. Frontin... Oh! les femmes!... oh! les jeunes filles!... Ma chère mère a bien raison de me dire de ne pas me presser... si j'avais cédé à mes premières impressions, j'aurais déjà demandé la main de cette petite... je serais son époux à présent... et elle ne m'aimerait pas... et elle me trahirait... mais dissimulons encore et tâchons d'acquérir des preuves de la perfidie de mademoiselle Augustine.

Le soir venu, Girardière retourne au faubourg Saint-Jacques, il s'est bien promis de ne rien laisser paraître et de cacher ses soupçons.

La société habituelle est réunie chez madame Gerbois. M. Trubert ne parle pas plus qu'à son ordinaire; mais, en revanche, les deux jeunes filles chuchotent souvent entre elles; malheureusement Théophile ne peut pas bien saisir ce qu'elles se disent, pourtant le nom de Frontin a encore frappé son oreille, et mademoiselle Augustine a plus d'une fois poussé des éclats de rire que notre célibataire a trouvés très indécents.

Madame Gerbois, qui est assise à côté de Girardière, a amené la conversation sur le mariage; plus d'une fois elle a dit :

— Je serai fort contente de marier ma nièce.

Puis elle s'est arrêtée et a regardé Girardière comme pour attendre une réponse; mais celui-ci change toujours la conversation et n'a pas l'air de comprendre. Ce qui semble beaucoup étonner la vieille dame.

L'heure est venue de se retirer, Girardière prononce un « bonsoir, mesdames! » qui a quelque chose de solennel, et il sort de la maison avec la société, qui le quitte dans la rue. Girardière a eu l'air de suivre comme de coutume le chemin qui le mène à sa demeure. Mais bientôt il s'arrête et se dit :

— Tout le monde est parti, maintenant Augustine doit avoir quitté sa tante pour retourner dans sa chambre... qui sait si ce n'est pas ce moment qu'elle choisit pour recevoir son M. Frontin!... Si je pouvais m'en assurer... pourquoi pas?... Il n'y a point de portier dans la maison, et la porte de l'allée s'ouvre au moyen d'un secret que je connais : par conséquent, à toute heure de la nuit, je puis m'introduire dans la maison sans qu'on s'en doute. Laissons tout le monde se coucher; ensuite j'entrerai dans l'allée, je monterai l'escalier bien doucement, et j'irai coller mon oreille contre la porte de la chambre d'Augustine. S'il y a quelqu'un avec elle, bien certainement je l'entendrai.

Girardière, enchanté de son idée, se promène pendant trois quarts d'heure dans la rue. Lorsqu'il pense n'avoir plus à craindre de rencontrer du monde dans l'escalier, il se rapproche de la demeure de madame Gerbois.

Tout est calme dans la rue, les réverbères ne jettent qu'une clarté vacillante (car le gaz n'a point encore pénétré dans ce quartier), Girardière se glisse le long du mur en regardant derrière lui, il atteint l'allée, pousse le ressort et entre doucement dans la maison.

Le cœur lui bat comme s'il allait faire un mauvais coup, et il se dit :

— On a bien raison de comparer un amoureux à un voleur... En ce moment, si l'on me surprenait, certes on me prendrait pour un larron!... et même un mauvais larron!... Diable!... si quelque habitant de la maison me rencontrait dans l'escalier... et attendait pour voir où je vais... pour rien je m'en irais... mais non! il faut j'éclaircisse mes soupçons... Il faut que je sache si je puis épouser Augustine... Si je n'entends rien ce soir, je recommencerai demain, et si, au bout de quinze jours, je n'ai rien entendu de suspect, je lui rendrai mon amour.

Girardière se dirige vers l'escalier, il le monte avec beaucoup de précaution pour ne pas faire de bruit, il retient jusqu'à son haleine, tant il a peur de voir quelque porte s'ouvrir devant lui.

Enfin, il arrive au troisième étage; il commence par regarder par-dessous la porte de la chambre de la jeune fille. Il n'y a point de lumière: elle est donc déjà couchée, où elle est encore chez sa tante; il s'approche. Il colle son oreille contre la porte, et comme il lui semble que tout est silencieux, il va se retirer, lorsqu'une voix bien connue arrive à son oreille. C'est celle d'Augustine; il distingue parfaitement ces mots :

— Eh bien! monsieur Frontin, vous ne venez pas près de moi!... allons... venez donc, mauvais sujet!... Vous verrez qu'il faudra que j'aille le chercher!

— Oh! la perfide!... oh! l'indigne!... murmure Girardière en se meurtrissant le front contre le trou de la serrure, elle veut avoir son amant près d'elle... il est là, ce Frontin, mon infâme rival!... il est là... dans sa chambre... la nuit...

Girardière suffoque; cependant il se contient et écoute toujours. Bientôt quelque chose de nouveau arrive à son oreille, et lui déchire plus cruellement le cœur; il distingue le bruit de deux baisers tendrement répétés. Alors, n'y tenant plus, il s'éloigne de la porte, cherche à tâtons la rampe de l'escalier et le redescend rapidement en se disant :

— J'en sais assez... j'en sais bien assez... je ne veux pas en entendre davantage... O Providence! je te remercie de m'avoir donné l'idée d'écouter à la porte... Et j'aurais épousé cette jeune fille!... je l'aurais épousée avec la plus entière confiance, si je n'avais pas entendu ce qu'elle a dit à son amie... Allons... remercions le ciel... et disons adieu au faubourg Saint-Jacques... on ne m'y reverra pas de longtemps!

Girardière est sorti de l'allée, dont il referme la porte un peu brusquement et au risque de faire du bruit, mais maintenant cela lui est égal. Il se met à arpenter la rue, et tout le long du chemin il parle tout seul et tout haut; il lâche la bride à sa fureur, et maudit les femmes, il maudit les jeunes filles, et il marche dans le ruisseau; mais comme il est fort tard, il est entièrement libre de tenir le milieu de la rue.

Pendant un mois entier, Girardière ne sort pas de chez lui. Quand sa vieille mère le questionne sur la femme qu'il doit épouser, il la quitte brusquement en s'écriant :

— Ne me parlez plus de mariage, ni de femmes, ni de demoiselles... oh, les femmes! *je ne peux pas les sentir!*

Et Girardière appuie sur cette phrase parce que, dans un journal, il a lu un article où l'on plaisantait sur cette locution employée par un auteur pour peindre l'aversion qu'une personne éprouve pour une autre ; mais Girardière n'en persiste pas moins à croire, ainsi que Wailly, dans son *Dictionnaire*, que *sentir* peut s'entendre et s'employer pour *apercevoir*. Par conséquent dire : *Je ne peux pas sentir* telle personne, signifie fort bien : Je ne puis pas l'apercevoir.

Revenons à Girardière, qui, tout en disant qu'il haïssait les femmes, pensait jour et nuit à mademoiselle Augustine, dont il maudissait la perfidie et se disait :

— Quel dommage!... cette jeune fille était si bien ce que je désirais... laborieuse... point coquette... du moins, elle le dissimulait... et ce qu'il y a de plus indigne de sa part, c'est qu'elle avait l'air de m'aimer!... pourquoi donc me traiter si bien, puisqu'elle adore en secret son M. Frontin?...

Le mois écoulé, Girardière ne peut résister au désir de savoir ce que l'on pense, ce que l'on dit, ce que l'on fait chez les dames Gerbois, où l'on doit être au moins fort surpris de ne plus le voir, lui qui, presque tous les soirs, allait leur tenir compagnie.

— Qui m'empêche d'aller leur faire une visite? se dit Girardière; après tout... qu'ai-je à craindre? Maintenant que je connais les allures de mademoiselle Augustine avec M. Frontin, cette petite fille ne me prendra plus dans ses filets!... Et comme je ne me suis jamais positivement déclaré, on n'a aucun reproche à me faire. Allons chez ces dames! Parbleu, cela m'amusera de voir le dépit de cette petite fille à laquelle je ne ferai plus la cour. Je lui lancerai quelques petits mots à double sens... et je jouirai de son embarras.

Girardière est enchanté de son idée, il fait sa toilette et monte dans une voiture qui le conduit rue du Faubourg-Saint-Jacques.

On est au milieu de la journée lorsque notre homme à marier entre dans cette maison à laquelle il avait dit un éternel adieu. Le cœur lui bat en montant l'escalier, et bien plus encore en passant devant cette porte contre laquelle il a surpris des secrets qui ont changé tous ses projets ; enfin il rappelle sa fermeté et sonne chez madame Gerbois.

C'est Augustine qui lui ouvre; elle est habillée avec plus d'élégance que de coutume. Son amie, la couturière, et M. Trubert, le tabletier, sont là, ainsi que quatre autres personnes. Les hommes sont en noir, les dames en toilette.

En apercevant Girardière, Augustine s'écrie :
— Ah! c'est vous, monsieur! mon Dieu... depuis si longtemps que vous nous aviez abandonnées!... quel miracle de vous revoir!... Ma tante va venir... elle est dans la pièce voisine,... entrez donc, monsieur...

Girardière entre et cherche à deviner quel peut être le motif de cette réunion chez madame Gerbois. Pendant qu'il salue et prend une chaise, mademoiselle Augustine prend dans ses bras un gros chat rouge qui vient de traverser la chambre, et l'embrassant tendrement, elle le porte à Girardière en lui disant :

— Je vous présente M. Frontin... le voilà, ce gros méchant... vous ne le connaissiez pas encore, car il est presque toujours dans ma chambre, vu que ma tante n'aime pas beaucoup les chats... mais aujourd'hui... comme c'est un grand jour, j'ai obtenu son entrée ici... Allons, monsieur Frontin, faites *ron-ron* bien vite...

Pendant que la jeune fille parle, Girardière devient de toutes les couleurs, une sueur froide coule de son front, ses besicles tombent de dessus son nez; enfin, regardant fixement la jeune fille, il balbutie :

— Comment, mademoiselle... ce chat... c'est M. Frontin?... M. Frontin, c'est un chat?...

— Sans doute, monsieur, qu'est-ce qu'il y a donc d'extraordinaire à cela?

Girardière se frappe le front, et sans se donner le temps de ramasser ses besicles, se lève, court à travers la chambre, se jette le nez dans une armoire, renverse deux chaises et arrive enfin dans la pièce où est madame Gerbois, à laquelle il crie du plus loin qu'il l'aperçoit :

— Madame! je viens vous demander en mariage la main de mademoiselle votre nièce... Je veux me marier... Je renonce aux folies de la vie de garçon... J'adore mademoiselle Augustine... Mariez-nous promptement, je vous en prie... j'ai mille écus de rente... je ne demande point de dot.

Toute la société semble très étonnée de cette brusque sortie de ce monsieur, qui bouscule tout pour demander une jeune fille en mariage; mais madame Gerbois répond fort tranquillement à Girardière :

— Monsieur.. votre demande ne pouvait que nous honorer, et si vous l'eussiez faite plus tôt, vous seriez maintenant le mari de ma nièce; mais vous avez brusquement cessé de venir nous voir, sans nous donner aucun motif de votre absence. Pendant ce temps, M. Trubert s'est déclaré et m'a demandé la main d'Augustine. M. Trubert est un brave et honnête tabletier, et nous n'avions aucune raison pour le refuser...

Ici M. Trubert fait un profond salut à toute la société, et madame Gerbois reprend :

— Je lui ai accordé la main de ma nièce; et aujourd'hui même nous allons à la mairie... il est même temps de partir. Allons, messieurs et mesdames, descendons, ne faisons point attendre M. le maire... Au plaisir de vous revoir monsieur Girardière; ma nièce sera établie dans cette rue, quand vous aurez besoin de tabatières, donnez-lui votre pratique.

Girardière est atterré; il n'a pas la force de répondre un seul mot. Cependant la société sort, il est obligé d'en faire autant : on le salue et bientôt il se trouve seul dans l'allée de la maison.

Alors il s'abandonne à son désespoir, il se cogne la tête, il s'arrache ce qui lui reste de cheveux, puis il revient chez lui avec la fièvre; quand sa vieille mère lui demande ce qu'il a, il ne peut que répondre en faisant une mine piteuse!

— C'était un chat!... ma mère!... c'était un chat!... mais aussi quelle idée d'appeler un chat M. Frontin!... Ah! je suis bien malheureux!... Ce fut un chien qui m'empêcha d'obtenir la main de mademoiselle Grandvillain, et aujourd'hui c'est un chat qui est cause que je perds Augustine. Ces animaux-là m'ont condamné au célibat.

Girardière fait une forte maladie, pendant laquelle il ne rêve que de chiens et de chats. Enfin il guérit, mais il reste triste, abattu et inconsolable. La vue d'un chien ou d'un chat lui donnait toujours des crispations.

Et il mourut célibataire dans les bras de sa vieille mère qui lui disait encore :

— Sois tranquille, mon petit, tu trouveras des femmes plus que tu n'en voudras!

FIN D'UN HOMME A MARIER

UN MARI PERDU

Tout le monde se donne de la voiture.

Depuis que nous avons à Paris des *Omnibus*, des *Citadines*, des *Dames-Blanches*, des *Béarnaises*, des *Parisiennes*, etc., beaucoup de gens se donnent le plaisir d'aller en voiture, qui, autrefois, auraient été pédestrement du faubourg Saint-Germain au Marais, et du faubourg du Roule au quartier Saint-Antoine. Depuis qu'on se fait rouler pour six sous, et que les correspondances vous permettent d'aller de Tivoli à Bercy, de Belleville à Vaugirard, sans payer deux fois, quelle est la personne qui se résignera à faire un tel trajet à pied?... Bourgeois, artistes, rouliers, cuisinières, négociants, bonnes d'enfants, *tourlourous* même! tout le monde se donne de la voiture; je sais jusqu'à des gens à équipages qui, pour ménager leurs chevaux, vont souvent en omnibus. En vérité, il faudrait n'avoir pas six sous dans sa poche pour se rendre maintenant à pied d'un bout à l'autre de Paris.

Ne croyez pas cependant que les *Omnibus* ou

les *Citadines* devancent toujours les piétons; les voyageurs qui font arrêter pour descendre ou pour monter, les embarras des rues, les stations aux correspondances, font perdre beaucoup de temps. Dans l'intérieur de la voiture tout n'est pas agrément non plus : on vous presse, on s'appuie sur vous en allant se placer; on essuie un parapluie à votre redingote, on met un pied crotté sur votre botte que vous aviez conservée bien cirée; puis, si vous avez le malheur de n'avoir pas de monnaie, il vous faut souvent recevoir, en échange de votre pièce blanche, une pile de gros sous bien chauds et bien sales, que vous ne touchez qu'avec répugnance. Mais lorsqu'on voyage en commun, c'est le cas d'être philosophe : il y a peu de bonnes choses dans la vie, il n'y a point de plaisir qui n'ait son danger, de jouissance qui n'entraîne un abus, de divertissements qui ne fatiguent. Il n'y a donc rien d'extraordinaire à ce qu'une voiture à six sous ait ses inconvénients. Ayez de la monnaie dans votre poche, ne soyez point trop pressé d'arriver, ne craignez pas que l'on macule le vernis de vos bottes ou que l'on frippe votre habit, ne mettez rien de casuel dans vos poches, et tâchez de ne pas être à côté d'un voyageur qui porte un melon, vous vous trouverez alors parfaitement bien dans une voiture publique.

La physionomie intérieure de ces voitures varie suivant les quartiers qu'elles parcourent. Dans les omnibus qui suivent la ligne des boulevards, vous vous trouverez souvent avec une dame élégante, avec un homme du monde; plus d'une petite maîtresse même deviendra votre compagne de route, à partir du faubourg Poissonnière jusqu'à la rue Caumartin. Quelques-unes, et ce ne seront pas les moins jolies, vous quitteront devant le passage de l'Opéra ou le pâté des Italiens. Si vous allez jusqu'au faubourg du Roule, de graves personnages viendront s'asseoir près de vous; des hommes décorés, des vieillards au maintien fier, au visage sévère, ne dédaigneront pas de monter dans l'omnibus. Alors vous remarquerez que presque tous les voyageurs ont des gants; on se passe la monnaie que rend le conducteur en échangeant un salut grave et froid. Point de bruit, point de conversation dans la voiture. C'est presque une antichambre de ministre, où de grands personnages attendent leur tour.

Si vous prenez la voiture qui, de la Porte-Saint-Martin, conduit à la chambre des députés, le tableau change. Dans le centre de Paris, les personnages sont mêlés : hommes d'affaires, négociants, auteurs, lingères, journalistes, actrices, employés, chacun se regarde, s'examine; on échange quelques mots, on se fait de la place avec plus de complaisance : on se sourit gracieusement en recevant sa monnaie. Là, il est rare que deux personnes de connaissance n'établissent point une conversation, quoique séparées par cinq ou six voyageurs. Les toilettes sont moins soignées; il y a plus de *laisser-aller* dans les manières et de bonhomie sur les figures. Vous verrez encore des gants, mais ils ne sont plus en majorité. Il y aura beaucoup moins de jolies femmes que dans la ligne des boulevards.

Mais si vous montez dans la Dame-Blanche qui, de la Villette, conduit jusqu'au faubourg Saint-Jacques, c'est encore un autre tableau. Pour compagnons de voyage vous aurez souvent des charretiers, des nourrices, des marchands de la halle, des habitants de la banlieue, des artisans et des maraîchers. Quelques grisettes monteront aussi, mais seulement en approchant de la rue de la Harpe. Dans cette voiture, vous aurez en outre pour société des paquets, des paniers, et très souvent des provisions de ménage. Je m'y suis trouvé une fois entre deux paysannes, dont l'une tenait sur ses genoux trois oies et un lapin, tandis que l'autre entourait de ses bras une pile d'assiettes de faïence dont probablement elle venait de faire l'emplette à Paris et qu'à chaque secousse de la voiture elle serrait contre son estomac en regardant tout le monde comme si elle eût voulu pleurer. Là, vous vous placez comme vous pouvez; on s'y assoit quelquefois sur vos genoux sans vous demander excuse. Je n'ai pas besoin de vous dire qu'il n'y a plus de gants.

Vers la fin du mois de novembre de l'année dernière, une des Dames-Blanches qui descendent de la Villette pour traverser une partie de Paris, était à peine au premier tiers de sa course, que, sur un signe fait au cocher, elle s'arrêta, et une dame d'une quarantaine d'années parut sur le marchepied.

Un *hourra* général s'éleva dans la voiture, qui était à peu près pleine, à l'aspect de cette nouvelle voyageuse. La personne qui se présentait était, il est vrai, d'une extrême corpulence; elle pouvait à elle seule occuper trois places, et il n'y en avait plus qu'une de vacante sur la banquette de gauche. Les voyageurs du côté droit eurent quelque peine à réprimer l'envie de rire que la vue de cette dame leur causa; ceux du côté gauche firent presque tous la grimace à la nouvelle venue, qu'ils allaient être forcés de recevoir sur leur banc, mais aucun ne se dérangea pour faire place.

— Serrez-vous un peu à gauche! dit le conducteur en faisant monter la grosse dame, dont l'individu boucha hermétiquement la portière d'entrée, et qui, ne sachant encore où se placer, tint d'une main la courroie de cuir et appuya l'autre sur le premier genou qu'elle rencontra.

— Qu'on serre *un peu!* dit d'un ton goguenard un homme en blouse et en casquette de loutre, qui se trouvait du malheureux côté gauche. Il est bon là, le conducteur!... il faut une fameuse place pour c'te petite mère-là!... Ah ben !... en voilà une qui se porte bien !

— Moi, je ne puis pas me reculer, dit une vieille femme placée contre l'entrée ; je suis déjà horriblement serrée par madame, qui porte sur ses genoux un enfant qui aurait dû payer place entière... et qui remue toujours... et qui met ses pieds sur ma robe... c'est bien agréable !...

Ces reproches s'adressaient à une bonne assez gentille qui tenait sur ses genoux un petit garçon de quatre à cinq ans, lequel n'avait pas cessé de manger des pommes et du pain d'épice depuis qu'il était dans la voiture.

La bonne a jeté un coup d'œil sur sa vieille voisine, et elle hausse les épaules en murmurant :

— Prenez donc garde de faner la robe de madame!... Avec ça qu'elle est fraîche !...

Cependant la grosse dame est toujours à l'entrée de la voiture, cherchant des yeux où elle s'assiéra, le conducteur répète du dehors :

— A gauche, madame... entrez donc, je vous dis qu'il y a de la place à gauche.

La voyageuse se décide à avancer. Elle quitte la courroie, aimant mieux s'appuyer à droite et à gauche sur tous les genoux qu'elle rencontre. Le conducteur tire alors son cordon pour que la voiture continue d'avancer ; mais le mouvement qui s'opère fait entièrement perdre l'équilibre à la personne qui n'est pas encore assise. Cette dame tombe sur le panier d'une paysanne, et celle-ci pousse des cris terribles en disant :

— Vous allez casser mes œufs... Prenez donc garde!... Ah! mon Dieu... et mon beau quarteron de pommes... Eh bien ! est-ce que l'on se laisse aller comme ça sur le monde?

Repoussée par la paysanne, qui est une vigoureuse commère, cette dame va rouler entre un épicier et un ouvrier.

L'épicier, qui est petit et mince, disparaît un moment derrière la taille volumineuse de la voyageuse, mais on l'entend crier d'une voix altérée :

— Madame! ôtez-vous, je vous en prie... je vais étouffer... je ne veux pas vous porter ; ôtez-vous... ouf... ou je vous enfonce des épingles dans les bras.

— Mais, monsieur, puisque le conducteur assure qu'il y a une place...

— Mais, madame, ça ne me regarde pas : j'ai payé la mienne... Mettez-vous sur le strapontin...

— En vérité, les hommes sont bien peu galants à Paris !... et je n'aurais jamais cru qu'une dame serait reçue dans une voiture comme un désagrément !...

. L'ouvrier, un peu plus complaisant, se serra contre une nourrice qui était à sa gauche, et dit à l'énorme dame :

— Tenez, si vous pouvez tenir là, je le veux bien, moi... essayez... nous n'aurons pas froid ;

La dame se hâte de se laisser tomber à la place qu'on lui fait ; les deux voisins, l'ouvrier et l'épicier, sont à demi cachés par elle ; mais elle est assise, et semble défier qu'on la débusque de cette place qu'elle a eu tant de peine à conquérir.

Cependant tout le côté gauche de la Dame-Blanche se plaint et montre de l'humeur. L'épicier, auquel le conducteur vient de demander sa place, répond avec colère :

— Fouillez dans ma poche si vous le pouvez !... vous serez bien heureux !... Quant à moi, je ne puis pas remuer un bras... Si nous restons longtemps comme cela, il faudra que cette dame, qui est presque sur moi, ait la complaisance de me moucher... Ce sera plus drôle!

La nouvelle voyageuse ne semble pas faire attention aux plaintes de ses voisins, elle fouille à son sac, prend sa bourse, en tire six sous qu'elle présente au conducteur en lui disant :

— Vous allez dans le quartier Saint-Jacques, conducteur?

— Oui, madame...

— Du côté du Panthéon ?

— Oui, madame...

— Vous m'arrêterez dans une rue... près d'une place... dans le quartier de... c'est où il y a un hôtel garni... mon Dieu ! je ne sais plus le nom...

— Dame, ni moi non plus ! mais quand vous me direz : C'est là, j'arrêterai.

— Et comment voulez-vous que je vous dise : C'est là, puisque moi-même je ne sais pas où c'est?...

— Comment, vous ne savez pas où vous allez?

— Je sais... c'est-à-dire je savais le nom de la rue... mais enfin c'est une rue dans le quartier Saint-Jacques, où il y a un hôtel garni ; est-ce que cela ne me suffira pas pour trouver?

Un ricanement presque général se fait entendre dans la voiture, et le conducteur s'écrie :

— Ma foi! si vous n'avez pas de meilleurs renseignements à donner, je crois que vous aurez de la peine à vous faire conduire ; le quartier Saint-Jacques est grand, et il ne manque pas d'hôtels garnis!

La voyageuse sembla fort désappointée; elle tira son mouchoir, se moucha à plusieurs reprises, ce qui acheva de masquer le malheureux épicier, qui prétendit que cette dame avait un nez à piston. Mais dans ce moment un monsieur, qui tenait la septième place du banc de gauche, cria :

— Arrêtez, conducteur, je descends... J'en ai assez... J'aime mieux marcher dans la boue que d'aller en voiture comme ça !

Le conducteur arrête; le monsieur descend : un mieux sensible s'opère sur la banquette de gauche. L'épicier reparaît et peut payer sa place; la grosse dame peut s'asseoir tout à fait; chacun retrouve la liberté de ses mouvements. La sérénité renaît.

La dame qui avait causé cette petite révolte dans la voiture n'a rien de désagréable, à part son excessif embonpoint. C'était une brune, très haute en couleur, dont les joues rebondies ressemblaient parfaitement à deux belles pommes de calville; son nez, trop petit et trop rond, était un peu perdu dans son visage; ses yeux noirs et brillants n'étaient pas plus grands que ceux d'un chat, mais leur expression était habituellement aimable et gracieuse. Une bouche un peu trop fendue laissait voir des dents assez blanches, que l'on montrait beaucoup en parlant; enfin, dans chaque joue et au menton se dessinait une petite fossette, qui donnait quelque chose de mignard à la physionomie de cette dame, mignardise que l'on retrouvait aussi dans sa voix, dont les inflexions enfantines semblaient un peu trop affectées. En résumé, lorsqu'on l'entendait parler, on croyait avoir affaire à une jeune fille sortant de sa pension; mais dès qu'on la regardait, le charme était détruit, et l'on trouvait au contraire que sa voix était ridicule pour sa personne.

La mise de cette dame annonçait plutôt l'aisance que le goût : un chapeau surchargé de fleurs et de nœuds de rubans, dont la forme n'était plus de mode à Paris depuis longtemps; une robe de soie qui semblait gêner horriblement, un spencer comme on n'en portait pas, un boa comme on n'en portait plus; enfin un énorme sac, et une montre d'or pendue au cou, voilà quelle était à peu près la toilette de la voyageuse, qui était restée pensive et préoccupée, depuis sa conversation avec le conducteur.

— Vous m'arrêterez rue de la Féronnerie, crie un homme en veste assis devant l'épicier.

— Et moi, conducteur, je veux aller à Tivoli ; avez-vous une correspondance? demande une jeune fille placée devant la nourrice.

— Oui, oui, soyez tranquille, je vous donnerai un cachet.

— Que tous ces gens-là sont heureux ! murmure la grosse dame; ils savent où ils doivent s'arrêter ! et moi ! c'est bien cruel, que je ne puisse pas retrouver le nom de cette rue !

— Vos places, dans le coin, là-bas, s'il vous plaît; il y a encore deux personnes qui ne m'ont pas payé, reprend le conducteur.

— Moi, j'ai payé la première, dit la vieille dame assise à l'entrée : je vous ai donné six sous en pièces de six liards. Conducteur vous devez vous le rappeler?

— Ce n'est pas à vous que je le demande, madame... mais là-bas, dans le coin... l'homme au sarreau bleu... hé!

On poussa une espèce de paysan qui semblait endormi; il ouvrit les yeux, étendit les bras, faillit donner des soufflets à ses voisins, et murmura :

— Est-ce que nous sommes arrivés?... Ah! tiens ! tiens !... c'est-il drôle... Je me croyais encore chez nous avec ma femme !... Je rêvais à nos bœufs... mais c'est que je dormais bien tout de même !...

— Vos six sous, s'il vous plaît?

— Hein?

— Votre place?

— Est-ce que je ne vous ai pas payé ?

— Apparemment.

— C'est drôle ! Je rêvais à mes bœufs... et puis il y avait la vache noire... la belle vache de not' voisin le laitier, qui était entrée chez nous par la fenêtre. Ah! si ma femme faisait un rêve comme ça, elle irait tout de suite consulter les commères qui expliquent les songes.

— Votre place, s'il vous plaît?

— De quoi ?... Est-ce que je ne vous l'ai pas payée?

— Non, puisque je vous la demande.

— Ah bien ! c'est bon, pardi ! on va vous la donner. Je ne sais pourquoi je m'endors toujours en voiture. Quand j'ai fait le voyage de Normandie pour la succession de mon oncle, je n'ai fait qu'un somme depuis Paris jusqu'à Rouen, et encore on a été obligé de me bourrer de fameux coups de poings pour m'éveiller... mais j'étais plus à mon aise qu'ici... on est serré... on ne peut pas s'étendre ici !

— Voyons, monsieur, finissons-en ; votre place, s'il vous plaît ?

— Ma place, il me semblait que je vous avais payé...

— Et voilà une heure que je vous la demande.

— Tiens! tiens ! c'est de dormir que ça m'a tout abasourdi... Ne vous fâchez pas, conducteur on va vous payer.

Le paysan tire de sa blouse une grosse bourse de peau, et se décide à donner six sous, qu'il est cinq minutes à compter et à recompter dans sa main. L'épicier, qui le regarde faire, murmure entre ses dents :

— Oh ! les paysans... sont-ils madrés !... A-t-on de la peine à leur arracher six sous ! Ils ont toujours peur d'être attrapés, de payer deux fois ; ils aiment mieux ne point payer du tout. Et cette bourse... voyez ! c'est plein d'argent ! Je gage que c'est un marchand de bœufs. Ils sont millionnaires, ces gens-là !... Allons, voilà le nez à piston qui recommence son train ! Qui croirait qu'avec un si petit nez on peut faire tant de bruit ! Cette dame-là est bien mal bâtie ; avec un embonpoint comme celui-là, il lui fallait un grand aquilin.

— Qui est-ce qui n'a pas encore payé ? demande le conducteur après avoir reçu les six sous du paysan. Un monsieur en habit vert râpé et boutonné jusqu'au menton, de manière à ce qu'on n'aperçoive autour de son cou qu'une mauvaise cravate noire, qui a l'air de l'étrangler, et pas le moindre vestige de linge, dont la physionomie est jaune et allongée, et la tête couverte d'un chapeau de soie crasseux qui n'a presque plus de bords, tend la main au conducteur en lui criant :

— Tenez... rendez-moi...

En même temps ce monsieur met une pièce d'argent dans la main de son voisin, qui la dépose dans une autre main, jusqu'à ce qu'elle arrive au conducteur. Celui-ci prend la pièce, la regarde longtemps, la tourne entre ses doigts, puis s'écrie :

— Qu'est-ce que c'est que cette pièce-là ?... ça n'est pas marqué du tout.

— Ne faut-il pas qu'on vous donne de la monnaie neuve ? c'est trente sous...

— Ma foi j'en suis fâché ; mais je ne puis pas prendre cette pièce-là.

— Je vous dis qu'elle est excellente. C'est trente sous.

— C'est possible, monsieur ; mais l'administration nous défend d'accepter de mauvaises pièces, elle nous les laisse pour notre compte. Passez-m'en une autre, s'il vous plaît.

— Je vous dis que ma pièce est bonne.

— J'en suis persuadé, monsieur ; mais donnez-m'en une autre, s'il vous plaît.

— Mais c'est très ridicule, cela !... refuser de bonnes pièces !... On la prendra partout.

— Alors, monsieur, cela doit vous être égal de m'en donner une autre.

La pièce est renvoyée au monsieur râpé, qui la prend avec humeur, la regarde en disant encore :

— C'est excellent ! puis la remet dans sa poche, glisse les mains dans son gilet, se fouille longtemps, et renvoie enfin une pièce au conducteur en disant :

— Pour celle-ci j'espère que cela ira tout seul.

— Dites-donc, monsieur, c'est la même pièce que vous me renvoyez là ?

— La même pièce !... par exemple !... c'est un peu fort ! voilà qui est joli !... C'est trente sous que je vous envoie...

— Oui, et tout à l'heure aussi, c'était trente sous.

— Mais vous vous trompez, conducteur, c'est une autre pièce de trente sous... Celle-ci est plus marquée...

— Moi je vous dis que c'est la même et que je n'en veux pas.

— Alors vous n'aurez pas vos six sous... je n'ai que cela d'argent dans ma bourse ; et au fait, pour courir dans Paris, il me semble qu'un écu est bien suffisant !... Par prudence je ne prends jamais plus d'argent sur moi.

— Oui, par prudence, murmure l'épicier, et je crois qu'il y a encore d'autres raisons pour cela... Hum ! Robert Macaire !... Il ne lui manque qu'un chapeau gris et un bandeau sur l'œil !...

— Tenez, monsieur, gardez votre pièce, dit le conducteur, j'aime encore mieux perdre une place que de rendre la monnaie sur une pièce qui ne vaut rien.

Et le conducteur ajoute à demi-voix :

— Il y a des gens qui ne font pas d'autre commerce ; ils ramassent les pièces dont on ne veut plus, et ils montent dans nos voitures pour se faire donner de la monnaie... On connaît ça.

— Arrêtez, cocher, je veux descendre, crie la nourrice ; voilà la maison du père de mon nourrisson. Viens, mon chéri, tu vas voir papa !...

L'enfant, qui peut avoir sept à huit mois, semble encore très insensible aux douceurs de l'amour filial. Il se met à pleurer en quittant la voiture, et l'épicier, qui se trouve alors fort à son aise, se caresse le menton en disant : C'est gentil les enfants ; moi je suis fou des enfants !... mais pour ceux au-dessous de sept ans, je voudrais qu'il y eût une loi qui les empêchât de monter dans les voitures publiques. Que sait-on ? on en fera peut-être une... on en fait tant d'autres !...

La nourrice est descendue avec son poupon. La voiture vient de repartir ; mais elle n'a pas fait soixante pas, quand le monsieur aux pièces de trente sous crie avec impétuosité :

— Arrêtez conducteur, je descends ici !

Le conducteur feint de ne pas entendre, et la voiture marche toujours. Le monsieur râpé se lève à demi de sa place, s'étend sur ses voisins, comme s'il voulait nager, et crie d'un air furibond :

— Conducteur, arrêtez donc !... Je vous ordonne de *m'arrêter !*

— On ne ferait peut-être pas mal, dit entre ses dents l'épicier, qui est devenu le loustic de la voiture depuis qu'il peut remuer à son aise.

Le conducteur, sans tirer le cordon, se tourne alors vers le monsieur râpé et lui dit :

— Si vous vouliez descendre, pourquoi n'êtes-vous donc pas descendu en même temps que la nourrice pour qui je viens d'arrêter ?

— Parce que j'allais plus loin, apparemment !...

— Plus loin !... à cinquante pas ! hum ! Il y a des gens qui le font exprès et qui n'ont aucune pitié des chevaux !

— Je n'ai pas besoin de vos réflexions. Quand je vous dis : Arrêtez ! vous devez sur-le-champ m'obéir.

Le conducteur arrêta enfin.

Ce monsieur passe avec fierté entre les voyageurs ; quand il est sur le marchepied, le conducteur lui dit :

— Vous savez que vous ne m'avez pas payé, quoique ça ?

— Je vous trouve plaisant de me dire cela ! voulez-vous me changer ?

— Non, j'aime mieux perdre six sous.

— Soyez tranquille, je les enverrai à votre administration.

Et le monsieur s'éloigne en enfonçant sur son oreille le vieux chapeau de soie roussâtre qui, pour la forme et pour la couleur, ressemble parfaitement à un moule à biscuit de Savoie.

La Dame-Blanche venait de repartir, lorsque dans la rue on appelle le conducteur.

Un monsieur, qui est encore assez éloigné, fait des signes avec ses bras et son parapluie, qu'il remue comme une canne de tambour-major, afin que le conducteur arrête sa voiture.

Quelques personnes charitables, voyant que ce monsieur en serait pour ses évolutions de parapluie, et que, n'étant plus d'âge à courir, il ne rattraperait pas la voiture, l'ont devancée en criant au conducteur d'arrêter. La voiture fait un nouveau repos, au grand mécontentement de l'ouvrier, qui s'écrie :

— Si c'est comme ça qu'on arrive en se faisant rouler, merci ! J'irais plus vite à pied.

Le survenant se présente sur le marchepied. C'est un homme qui a passé la soixantaine, mais dont la mise, extrêmement soignée, forme un contraste parfait avec celle du voyageur qui vient de sortir.

Ce monsieur, dont les manières annoncent l'homme bien élevé, ôte son chapeau avant d'entrer dans la voiture, mettant alors à découvert une fort belle perruque blonde qui s'harmonise assez bien avec une figure rosée que le temps a sillonnée de rides, mais dans laquelle on retrouve encore des traits agréables et une expression toute bienveillante.

Non content d'avoir ôté son chapeau pour passer devant les voyageurs, le vieux monsieur, avant de s'asseoir, salue encore à droite et à gauche ; politesse à laquelle peu de gens répondent, et dont quelques-uns semblent même étonnés.

Mais la grosse dame, malgré sa préoccupation, s'est levée à demi de dessus la banquette pour répondre à la politesse du nouveau venu, qui se trouve assis en face d'elle.

Dès ce moment une secrète sympathie semble s'établir entre ces deux personnages ; et l'on n'a pas roulé trois minutes, que le vieux monsieur, tirant de sa poche une fort belle tabatière en écaille, doublée en or, la présente à son vis-à-vis en lui disant :

— Madame en use-t-elle ?

— Quelquefois, monsieur, répond la grosse maman en poussant un profond soupir.

Et elle ôte son gant pour plonger deux doigts dans la tabatière ; mais au même moment, deux grosses larmes roulent de ses yeux, et vont tomber dans la boîte du vieux monsieur, qui la regarde avec l'expression du plus vif intérêt, car on n'a pas l'habitude de pleurer dans les omnibus.

Quelle peut donc être la cause du chagrin de cette dame ?

La grosse voyageuse avait humé la prise de tabac ; le vieux monsieur à perruque blonde regardait toujours son vis-à-vis, n'osant pourtant se permettre de lui adresser une question qui, dans une voiture publique, pouvait paraître indiscrète.

Mais tout à coup cette dame éternua : c'était une occasion bien favorable pour entrer en conversation ; le vieux monsieur ne la laissa point échapper. Portant la main à son chapeau, il s'inclina en disant :

— Tout ce qui peut vous être agréable, madame.

— Ah ! monsieur, vous êtes bien bon !... Je vous remercie... Mais ce qui me serait très agréable en ce moment, ce serait de savoir où je dois descendre de voiture.

— Est-ce que madame ne connaît pas bien Paris ?

— Fort peu, au contraire, monsieur. J'habite Orléans depuis mon enfance... c'est ma patrie.

— Orléans ? c'est une fort jolie ville !... chef-lieu de préfecture du département du Loiret.

— Oui, monsieur.

— Il y a une Académie, une Société des sciences, belles-lettres et arts, un collège royal et une école gratuite de dessin et d'architecture.

— Oui, monsieur.

— Quant à l'origine de la ville, elle se perd dans la nuit des temps. Il est probable qu'elle a été fondée par les *Carnutes* ou *Chartrains*, car elle était sous leur domination lorsque César pénétra dans les Gaules.

— Oui, monsieur.

— Des historiens ont prétendu qu'elle était bâtie sur les ruines de l'ancienne *Genabum*, prise et brûlée par César ; mais je ne suis pas de cet avis.

— Non, monsieur.

— Orléans est la patrie du célèbre commentateur Amelot de la Houssaye, de Pothier, le savant jurisconsulte, et de beaucoup d'hommes de mérite...

— Holà ! conducteur ! arrêtez donc ! cria le paysan qui venait tout à coup de s'éveiller et se frottait les yeux en regardant à travers les portières de la voiture. Où donc que nous sommes ?...

— A la halle !...

— Ah bien ! c'est bon !... Et moi qui ai affaire au passage du Caire... je dois être arrivé.

— Il y a longtemps que nous avons passé devant le passage du Caire.

— Fallait donc m'arrêter, alors.

— Il fallait donc me dire en montant que vous alliez là...

— Vous deviez toujours arrêter... Faut que j'y coure à pied, à présent !... Est-ce loin ?

— Suivez la rue Saint-Denis tout droit... on vous l'indiquera.

— Merci.

Le paysan descend, et reprend à pied le chemin qu'il vient de faire en voiture. Deux autres personnes quittent la Dame-Blanche en même temps que l'homme au sarreau bleu ; mais l'épicier ne bouge pas. Il a été tout yeux et tout oreilles pendant que le vieux monsieur parlait, et il n'ose plus risquer même un calembour.

— Si madame voulait me dire à peu près de quel côté elle a affaire, reprend le vieux monsieur, je pourrais probablement lui indiquer le plus court chemin. Je connais Paris mieux que qui ce soit : J'ai beaucoup étudié... Il n'y a point une rue dont je ne puisse vous dire l'origine... Je devrais être de l'Académie !... Je ne sais pas pourquoi on m'a oublié !...

Ces derniers mots sont accompagnés d'un léger soupir que l'on réprime avec une prise de tabac. La grosse dame profite de ce moment pour reprendre la parole, que son voisin n'abandonnait pas facilement.

— Monsieur, je vais à Paris... pour y retrouver... ou du moins y chercher quelqu'un qui m'est bien cher... mon mari...

— Ceci fait l'éloge de votre tendresse conjugale, madame ; amour pur et licite !... *Amor conjugialis* ou *conjugalis ;* les deux locutions s'emploient.

L'épicier ouvrit des yeux encore plus grands en marmottant :

— *Ludovico magno*. Tradéri, tradéra là là !...

— Oui, monsieur, c'est mon mari que je viens chercher dans cette grande ville... Monsieur Magnifique (c'est le nom de mon époux) a quitté Orléans il y a bientôt six semaines ; il est venu à Paris pour acheter de la pâte de mou de veau, dont les journaux nous avaient fait le plus grand éloge, et qui devait guérir radicalement mon rhume ; c'est du moins ce qui a donné à mon mari l'idée de faire ce voyage. Mais six semaines pour acheter de la pâte de mou de veau !... Ah ! monsieur, est-il possible que l'on mette ce temps-là pour acheter une petite boîte chez un pharmacien dont il avait l'adresse ?...

— Ah ! ah !... elle est bonne, l'histoire ! dit l'épicier qui cherchait à se mêler à la conversation. Six semaines pour aller chez un droguiste ! Mais moi, en un jour, j'achète quelquefois plusieurs milliers de sucre et de café !...

— Madame, reprit le vieux monsieur, il est probable que monsieur votre époux aura voulu acheter autre chose pendant qu'il était en train.

— Ah ! monsieur, j'ai bien peur, moi, que mon mari ne soit perdu à Paris... Je ne voulais pas le laisser venir dans cette ville dangereuse... Non, je ne voulais pas ! J'avais comme un pressentiment. Mais il m'a tant pressée, priée, en me jurant qu'il ne ferait qu'aller et venir !... Et six semaines pour de la pâte de mou de veau !...

— C'est un peu long, madame, j'en conviens.

— C'est qu'il n'y en avait peut-être pas de faite, et il aura attendu, reprit l'épicier en ricanant.

— Dans les premiers jours qui suivirent son arrivée à Paris, Magnifique m'écrivait, me contant tout ce qu'il faisait depuis le matin jusqu'au soir. Cela me tranquillisait et me faisait prendre patience ; mais petit à petit ses lettres devinrent plus courtes, puis rares ; enfin, monsieur, depuis trois semaines, point de nouvelles de mon mari !... pas une ligne, pas un mot !... rien !...

— Cela devint inquiétant, madame.

— Il a peut-être été écrasé, ajouta l'épicier qui persistait à se mêler à la conversation, quoiqu'on ne lui parlât point.

— Mais le plus cruel, monsieur, reprit madame Magnifique en portant son mouchoir à ses yeux, c'est que je crains quelque infidélité... quelque perfidie !... Les hommes sont sont si volages !... si inconstants ! et ce Paris est un séjour si dangereux !... Avec cela que M. Magnifique est fort bien ! petite taille, mais bien prise ; jolie tournure ! une jambe que l'on cite dans Orléans ! un œil très-vif, quoiqu'il louche un peu lorsqu'il est au soleil. Ah! je n'aurais pas dû consentir à ce voyage !... mon rhume se serait guéri sans cette pâte... et d'ailleurs, que m'importe ma poitrine, si j'ai perdu mon époux.

— Si celle-là a la poitrine délicate, murmura l'épicier, il ne faut plus compter sur rien.

— Enfin, madame, vous voilà à Paris, interrompit le vieux monsieur, vous allez retrouver M. votre mari... je ne vois pas ce qui peut vous affliger encore...

— Mais, monsieur, c'est que je ne me rappelle plus l'adresse de l'hôtel où mon mari m'a écrit qu'il logeait. J'ai eu le malheur d'égarer cette lettre !... Comment vais-je faire maintenant pour retrouver les traces de mon mari ?...

— En effet, dit le vieux monsieur, sans point de départ, il est difficile de s'orienter ! *Se ad orientem convertere!*

L'épicier toussa, et chanta encore entre ses dents : — *Ludovico magno*, toto, tata, toto carabo !

En ce moment la voiture s'arrêta sur la place du Palais.

— Est-ce que l'on descend ici? demande madame Magnifique à son obligeant voisin.

— Non, madame, c'est une station, une correspondance ; mais la voiture va beaucoup plus loin. Vous êtes ici devant le Palais-de-Justice, madame.

— Est-ce un hôtel garni, monsieur?

— Madame, c'est le Palais... le lieu où l'on juge, où l'on rend des arrêts...

— Ah! pardon, monsieur, je suis tellement occupée de mon mari !...

— Il y a bien aussi des gens qu'on loge là ; mais à coup sûr, ce n'est point parmi eux que vous devez chercher monsieur votre époux !...

De nouveaux voyageurs montaient dans la voiture. Une servante arriva avec deux paquets qu'elle plaça sur ses genoux. Une jeune fille tenait un grand carton qu'elle mit devant elle ; enfin une dame qui venait du quai aux Fleurs, portant dans ses bras un pot de pensées et un petit basilic. L'épicier se trouva de nouveau pressé, gêné ; il avait le carton dans les jambes et les deux pots de fleurs dans les oreilles ; il redevint de mauvaise humeur et murmura :

— On ne peut pas être un instant à son aise ici !... Promener des pots en voiture, c'est amusant !... Heureusement que je descends rue de la Harpe !

La conversation reprit ensuite, mais beaucoup plus bas, entre madame Magnifique et le vieux monsieur.

— Dans quel quartier logeait votre mari, madame?

— Monsieur, c'était près de la rue Saint-Jacques.

— Fort bien.

— Dans un hôtel garni dont j'ai oublié le nom... mais qui était dans une rue où il y avait un vieil hôtel... très curieux..., où l'on va voir des antiquités.

— Attendez, madame !... c'est l'hôtel Cluny peut-être?

— Précisément, monsieur, l'hôtel Cluny.

— Alors, madame votre époux logeait dans la rue des Mathurins.

— C'est cela même ! voilà le nom que j'avais oublié : rue des Mathurins. Ah ! monsieur, que je suis heureuse de vous avoir rencontré ! Si je retrouve mon mari, c'est bien à vous que je le devrai.

— Charmé, madame, d'avoir pu vous être utile ; mais lorsqu'on a quelques recherches à faire dans Paris, on ne saurait mieux faire que de venir me consulter. Je sais *Sainte-Foix, Grégoire de Tours, Velly et Anquetil* par cœur. Tous mes amis me disent : Pourquoi donc n'êtes-vous pas de l'Académie? Et au fait ; je devrais en être !

— Madame, faites-moi le plaisir de tenir vos pots devant vous, et de ne point m'introduire votre basilic dans l'oreille !... je n'aime pas cela !

C'était l'épicier qui se fâchait contre la dame qui venait du quai aux Fleurs, et qui penchait ses plantes de son côté.

— Mon Dieu monsieur, il me semble qu'on n'est pas bien malheureux parce qu'on a quelques fleurs sous le nez !

— D'abord, madame, vous ne me les mettez pas sous le nez, c'est dans mes cheveux que vous envoyez vos brins d'herbe !... Si tout le monde venait dans la voiture avec des pots, ce serait commode !... Vous jetez de la terre sur mon pantalon...

— Ça ne tâche pas, monsieur.

— Mais cela salit, madame, et on n'a pas de brosse ici.

— Eh! mon Dieu ! monsieur, vous n'êtes déjà pas si propre !

L'épicier devint pourpre de colère ; il se tourna vers sa voisine en murmurant d'une voix étouffée :

— Madame, si je ne respectais le sexe auquel je dois la lumière... je ne sais pas ce qui pourrait arriver ! mais je vais descendre, de peur de l'oublier. Conducteur, arrêtez !... je veux m'en aller avant que madame n'ait planté son basilic dans ma cravate.

Et, sans attendre que la voiture cessât de

C'est... c'est mon mari !

rouler, l'industriel se leva, enjamba par-dessus tout ce qui lui barrait le passage, et sauta hors de la Dame-Blanche, qui venait d'entrer dans la rue Saint-André-des-Arts.

— Suis-je bientôt rue des Mathurins? dit madame Magnifique en se penchant vers sa nouvelle connaissance.

— Pas encore, madame ; mais n'ayez aucune inquiétude : j'avertirai le conducteur quand il faudra qu'il arrête. D'ailleurs, j'aurai l'honneur de descendre avec vous : je demeure dans ce quartier, rue des Maçons-Sorbonne. C'est le quartier Latin, le quartier savant; on y est près des Écoles de Droit et de Médecine, et cela me convient sous tous les rapports.

— Est-ce que monsieur est étudiant? dit madame Magnifique, qui sans doute en ce moment était tellement occupée de son mari qu'elle ne s'apercevait pas qu'elle parlait à un sexagénaire.

Le vieux monsieur eut la bonté de prendre cette question au sérieux; il se rengorgea, ajusta les bouts de son col et répondit :

— Non, madame, je ne suis plus étudiant... quoique pourtant j'étudie toujours; car, ainsi que le dit si bien Cicéron : *Studia adolescentiam alunt, senectutem oblectant.*

— Ah! Dieu!... pourvu que je le retrouve, interrompit la grosse dame; ce cher Dodore!... ce tendre ami!... Il se nomme Théodore, mais moi je l'appelle toujours Dodore; je trouve que c'est plus doux... plus gentil.

— Comme j'avais l'honneur de vous le dire, madame, je demeure fort près de la rue des Mathurins, et, si vous voulez bien me le permettre, je vous servirai de conducteur jusqu'au seul hôtel garni que je connaisse dans cette rue... S'il y en a deux, cela m'étonnerait beaucoup.

— Ah! monsieur, que de bonté! j'accepte avec reconnaissance! Arrivée d'hier au soir à Paris, où je ne connais personne, un protecteur me serait bien nécessaire si par malheur je ne retrouvais pas Dodore à son hôtel. Il y sera, je l'espère; mais si vous daignez me conduire jusque-là... si cela ne vous dérange pas trop.

— Me déranger!... J'ai passé ma vie à servir les dames et à étudier les antiquités. L'étude et la galanterie, voilà ma devise! Certainement, je ne l'aurais pas changée si j'étais entré à l'Académie. François Ier protégeait les lettres et honorait les belles. Je suis la route que ce prince nous a tracée... On m'a dit autrefois que j'avais un peu de son profil... Trouvez-vous?

— Je ne l'ai pas connu, répliqua madame Magnifique, dont sans doute l'inquiétude avait troublé l'esprit. Le vieux monsieur ne jugea pas convenable de relever cet anachronisme. On était près, d'ailleurs, de la rue des Mathurins, et il pria le conducteur d'arrêter.

Dès qu'elle entendit parler de la rue des Mathurins, la grosse dame ne tint plus dans la voiture; elle se leva, bouscula tout le monde, écrasa deux ou trois pieds, et faillit rouler dans la rue avec le conducteur, en voulant s'élancer hors de la Dame-Blanche; sa sortie fit presque autant d'effet que son entrée. Le vieux monsieur la suivit; elle passa son bras dans celui du vieillard en s'écriant:

— Vous m'avez offert vos bons offices et je les ai acceptés, monsieur; conduisez-moi à l'hôtel garni qui est dans la rue où loge mon époux; mettez-moi dans les bras de Dodore et je bénirai vos cheveux blancs!

Ce monsieur, qui a une fort belle perruque blonde adaptée sur sa tête avec beaucoup de soin, trouve assez singulier qu'on lui parle de ses cheveux blancs; il fait une légère grimace; mais, indulgent pour le trouble et la préoccupation de cette dame, il se dit que c'est un *lapsus linguæ* et prend le bras qu'on lui donne en tâchant de se mettre au pas avec sa protégée, dont les enjambées sont à peu près du double des siennes.

— Madame, dit-il tout en s'efforçant de marcher vite, puisque vous daignez m'accepter pour cavalier, je pense qu'il est de mon devoir de vous dire avant tout qui je suis, afin que vous sachiez si je mérite toute votre confiance...

— Oh! monsieur, je n'en doute pas... Vous me direz cela plus tard...

— Non, madame, je dois vous le dire tout de suite; il y a tant d'intrigants, de chevaliers d'industrie dans Paris!

— Oh! monsieur, vous n'avez pas l'air d'un mauvais sujet!...

— Trop honnête, madame!

— Vous savez où est cet hôtel?

— Soyez tranquille, madame. Je me nomme Monmorand; je suis garçon; je ne me suis jamais marié, afin de pouvoir me livrer tout entier à mon goût pour l'étude; je n'en ai pas moins professé constamment la plus profonde vénération pour le beau sexe.

— Approchons-nous de l'hôtel, monsieur?...

— Tout à l'heure, madame. Je possède une fortune honnête qui m'a suffi. Les gens de lettres sont rarement ambitieux... excepté quand ils font des vaudevilles; mais je n'en ai jamais fait, quoique je sache tourner le couplet avec une étonnante facilité.

— Est-ce que nous ne sommes pas rue des Mathurins, monsieur?

— Nous y entrons à présent, madame... J'ai fait de longues recherches sur l'origine des rues et les antiquités de Paris... Cette rue-ci, par exemple, doit son nom au couvent des Mathurins qui y était situé. Primitivement elle s'appelarue du *Palais des Thermes*, puis rue du *Palais*, rue des *Thermes*, parce que la principale entrée du palais des Thermes était dans cette rue.

— Ah! monsieur, je crois que je vois écrit là-bas: *Hôtel garni*.

— Oui, madame, c'est là. L'hôtel Cluny dont vous me parliez dans la voiture, et qui est à quelques pas, a été bâti sur une partie des ruines du palais des Thermes; ce fut Jacques d'Amboise, abbé de Cluny, qui le fit bâtir vers le commencement du seizième siècle. J'ai fait sur tout cela de petites notices fort curieuses que je compte faire imprimer quand je serai de l'Académie; car il est impossible que...

Madame Magnifique n'en écoute pas davantage; elle vient de quitter le bras de son compagnon, qui ne marche pas assez vite et ne seconde pas son impatience; elle court à l'hôtel garni; elle entre tout essoufflée dans la maison, et, s'adressant à une vieille concierge, qui est en train de prendre du café dans une soupière, avec une cuiller à ragoût, elle lui dit d'une voix altérée:

— Ah! madame! est-il ici?... Est-il chez vous?... De grâce! répondez.

La vieille concierge croit qu'il s'agit d'un petit chien barbet qu'elle a trouvé dans sa loge quelques minutes auparavant, et elle répond, en continuant à s'introduire dans la bouche l'immense cuiller :

— Non, il n'est plus ici... Il y était; mais je l'ai chassé, parce qu'il se permettait des hardiesses dans ma loge, et que cela ne me convenait pas.

— Lui!... Dodore!... faire quelque chose contre la bienséance, cela ne saurait être, madame, vous en imposez !... Mon Dodore !... mon chéri !... mon fidèle !... Car je suis bien sûre qu'il m'est fidèle, quoique les apparences soient contre lui ! Se mal conduire chez vous!... Non, madame, encore une fois, cela ne se peut pas.

— Ah! il s'appelle *Dodore*, dit la concierge; c'est un nom assez avantageux; moi, j'en ai eu un qui s'appelait *Polyphème*, mais il était voleur d'une façon révoltante ; au point que j'ai été obligé de m'en défaire. C'est singulier ! la castonade de l'épicier ne sucre pas du tout !... Après ça, je ne vous dis pas qu'il ne vous soit point fidèle; mais s'il revient dans la maison, je le chasse à grands coups de balai !

— Le chasser! chasser mon Dodore ! s'écrie madame Magnifique. Ah! c'est trop fort! et si vous vous permettiez une chose semblable !...

— Vraiment! je me gênerai! Il y a mieux : c'est qu'avec la permission de M. le commissaire je lui prépare une bonne boulette avec de la mort aux rats.

— Ah! quelle horreur! quelle infamie !...

La grosse dame, transportée de colère, menace la concierge, et va se porter à quelque extrémité, lorsque M. Monmorand paraît à l'entrée de la maison. Madame Magnifique court à lui, tout éplorée, en s'écriant :

— Ah! monsieur, monsieur, venez à mon secours! Cette femme indigne a chassé mon mari de cette maison, et elle me menace de l'empoisonner !

Le vieux monsieur reste tout saisi et tâche de conserver son équilibre en soutenant madame Magnifique, tandis que la concierge laisse tomber la cuiller qu'elle allait porter à sa bouche, en disant :

— Votre mari!... son mari!... Ah çà! qu'est-ce que cette dame veut donc dire?... Est-ce que ce n'est pas son chien qu'elle est venue demander, un barbet noir qui était encore dans ma loge il n'y a qu'un moment?

M. Monmorand s'aperçoit qu'il y a un quiproquo; il s'empresse de rassurer madame Magnifique; il calme ses esprits, rétablit de l'ordre dans ses idées; et l'on commence enfin à s'entendre. La concierge se confond en excuses ; mais madame Magnifique se souvient qu'en effet elle a demandé où était Dodore sans expliquer que c'était son mari; elle sent que son impatience a causé cette méprise, et elle se hâte de réparer sa faute en disant à la concierge :

— Madame, vous devez loger ici un monsieur qui vient d'Orléans; il est arrivé il y a six semaines ; il se nomme Théodore Magnifique ! C'est mon mari, et je viens le rejoindre.

— Un monsieur?... il y a six semaines?... qui venait d'Orléans?

— Oui, un bel homme, un peu petit, mais très gras, figure aimable... une groseille sur la joue gauche.

— Monsieur Magnifique... Ah ! attendez donc !... un louchon ?

— Quelquefois, mais de l'œil droit seulement.

— Eh! oui, oui, je me rappelle très bien maintenant; M. Magnifique, oui, nous avons eu ça !

— Il est ici? Ah ! je respire !

— Non, il n'est plus ici; il y a logé pendant trois semaines, c'est vrai; mais il en a, je crois, autant qu'il nous a quittés.

— Il ne loge plus ici ! que c'est désagréable !... Enfin, donnez-nous sa nouvelle adresse; monsieur, qui connaît tout Paris, aura encore la bonté de me conduire.

M. Monmorand s'incline en prenant une prise de tabac.

— Son adresse? dit la concierge; pour vous la donner, il faudrait la savoir.

— Comment, que voulez-vous dire?

— Que votre mari nous a quittés très précipitamment un beau matin, mais sans nous dire où il allait.

— Ah! mon Dieu! il serait possible! vous ne savez pas ce qu'est devenu mon mari?

— Je n'en sais rien du tout; je me rappelle fort bien même que je lui ai dit : Monsieur, est-ce que vous retournez à Orléans? et il m'a répondu en souriant (il souriait beaucoup en parlant) : Non, mais je change de quartier.

— Ah! malheureuse !... j'ai perdu mon mari ! Ah! soutenez-moi, monsieur *Mon merlan!*...

— C'est Monmorand, dit le vieux monsieur en s'efforçant de calmer la grosse dame; ce n'est pas du tout difficile à prononcer.

— Mais mon mari, monsieur, où vais-je trouver mon mari à présent?... Moi qui ne connais personne à Paris ! Pourquoi a-t-il quitté cet hôtel! Pourquoi ne m'a-t-il pas écrit ce changement, sa nouvelle demeure ! Ah ! il y a dans tout ceci quelque chose de mystérieux qui m'inquiète, qui me désole, qui me fera mourir !

— Rassurez-vous, madame, nous trouverons votre mari. Fiez-vous à mon intelligence ; j'ai trouvé bien autre chose, moi !... Une fois, en me promenant dans les Champs-Élysées, j'ai trouvé les traces d'une voie romaine ; j'ai même fait une notice là-dessus que j'ai annexée à mon ouvrage sur les antiquités.

— Mais mon mari n'est point une antiquité, monsieur ; il est encore très frais, très alerte.

— Cela ne fait rien, madame, nous le retrouverons également. Avant tout il ne serait sans doute pas inutile de parler à la maîtresse de cet hôtel, car elle peut en savoir plus que sa concierge.

— Vous avez raison, monsieur ; allons lui parler... Espérons encore... Mon mari n'est peut-être pas perdu tout à fait.

— Oh ! que non ! dit la concierge en se remettant à son café ; un mari, ça ne se perd pas comme une tabatière... J'en ai perdu deux la semaine dernière, que ça m'a été bien douloureux.

Madame Magnifique se rend avec son vieux compagnon chez la maîtresse de l'hôtel garni ; mais celle-ci ne peut lui donner des nouvelles plus satisfaisantes. M. Magnifique a logé trois semaines dans sa maison, et il est parti après avoir payé. On n'avait pas le droit de lui en demander davantage, et on ne sait rien de plus. La grosse dame se retire désolée en s'appuyant sur le bras de son nouvel ami, qui eût tout autant aimé qu'elle se fût appuyée un peu moins. Au moment de quitter l'hôtel, madame Magnifique revient vers la concierge, qui a l'air plus disposée à causer que sa maîtresse, et, lui mettant une pièce de cent sous dans la main, elle lui dit :

— Du moins, donnez-moi quelques détails sur mon mari, sur ce qu'il a fait, sur ses habitudes pendant qu'il a logé dans votre maison. Dites, et n'oubliez rien ; les choses les plus minutieuses en apparence peuvent m'amener à des découvertes importantes et me faire retrouver ses traces.

— C'est très juste, dit M. Monmorand ; les plus simples peuvent tenir à d'autres fort intéressantes. Tout est ricochet dans la vie ; il ne s'agit donc que de remonter à la cause, comme dit Virgile :

Felix qui potuit rerum cognoscere causas.

La vieille concierge, qui pour cent sous inventerait des nouvelles si elle n'en savait pas, s'empresse de quitter sa soupière et dit à madame Magnifique :

— Je m'en vas vous raconter tout ce que j'ai observé touchant votre époux. D'abord, c'était un homme très rangé... il était toujours rentré à dix heures. Le matin il déjeunait avec du chocolat et un petit pain... quelquefois chapelé... quelquefois pas, c'est selon. Il se faisait cirer ses bottes à l'œuf et pas à l'anglaise ; il dit que ça reluit mieux.

M. Monmorand, qui commence à trouver ces détails un peu minutieux, dit à la concierge :

— Abrégez, madame, allez au fait.

— Dame ! on me demande ce que j'ai remarqué ; moi, je dis tout !...

— Enfin, madame ?

— Enfin, dans les derniers jours qu'il a logé ici, monsieur votre mari n'était plus le même... Je me dis : V'là un homme qui n'est plus le même, il se dérange. Je connais si bien ça, moi ! il sortait bien plus souvent, et rentrait beaucoup plus tard.

— Ah ! mon Dieu !

— Et puis il avait un air tout drôle, tout affairé ; il se frottait les mains en souriant avec malice.

— Il se frottait les mains, le traître !

— Enfin, si vous voulez que je vous dise tout...

— Je vous en supplie !

— C'est que ça vous fera peut-être de la peine.

— N'importe ! je veux tout savoir.

— Eh bien ! ma chère dame, deux ou trois jours avant qu'il ne s'en allât d'ici, une jeune femme... ou une jeune fille est venue à l'hôtel, et elle m'a remis un petit billet pour M. Magnifique.

— Une jeune fille !... Ah ! monsieur Monmerlan ! je suis une femme bien infortunée !...

— C'est Monmorand qu'il faut dire, interrompit de nouveau le vieux monsieur en prenant une prise de tabac.

— Et cette jeune fille... comment était-elle ?

— Mais dame... elle était bien... oh ! elle était jolie, c'est une vérité.

— Elle était jolie ! quelle horreur ! Et vous avez donné ce billet à mon mari ?

— C'était mon devoir. Je suis concierge ; je dois remettre les lettres que l'on apporte pour les locataires, sans quoi on me renverrait.

— Et qu'a dit mon époux en le recevant ?

— Il a paru enchanté, transporté de joie ! Il a fait une pirouette sur ses talons, et puis il m'a donné une pièce de quinze sous.

— Quinze sous ! Ah ! je suis trahie !... je n'en saurais douter !

— Voilà absolument tout ce que je sais relativement à M. votre mari... Si fait pourtant ; j'oubliais de vous dire qu'il était passionné pour les petits pains au lait, quoi !

— Venez, monsieur Monmer... Venez, sortons... soyez mon soutien, mon guide !... je n'ai plus d'espoir qu'en vous pour m'aider à retrouver mon époux. Vous protégerez une femme infortunée, vous ne l'abandonnerez pas.

— Non, madame, non certainement.

Madame Magnifique prend le bras de son vieux protecteur. Celui-ci s'efforce de la calmer, et, lorsqu'ils sont dans la rue, lui dit :

— Avant tout, il ne serait peut-être pas mal que vous retournassiez à l'hôtel où vous êtes descendue en arrivant à Paris. Si vous le permettez, je vais déposer chez moi un manuscrit sur les ancêtres de Tityre et de Mélibée, que j'ai dans ma poche. Ce n'est qu'à deux pas d'ici ; après quoi je vous conduirai. Où est votre hôtel ?

— Je n'en sais rien... je ne m'en souviens plus... Mon mari me trouble tellement l'esprit !

— Mais il faudrait pourtant tâcher de vous en souvenir.

— Je crois que je vais me trouver mal, monsieur ; j'ai des vertiges, des bluettes !... Il me semble que je vois mon mari dans les nuages.

— Madame, ne vous trouvez pas mal, je vous en prie !

— Ah ! monsieur, il me passe une sueur froide !... soutenez-moi !...

Et la grosse dame, perdant tout à fait connaissance, se laisse aller sur le vieux monsieur, qui est fort embarrassé au milieu de la rue avec une dame évanouie dans ses bras.

M. Monmorand ne s'était jamais trouvé dans une position aussi embarrassante ! il soutenait de ses deux bras madame Magnifique, dont les yeux étaient fermés, et qui serrait les dents et tendait ses membres de manière à faire craindre une attaque de nerfs. Le poids de cette dame était beaucoup trop lourd pour les forces du vieux monsieur ; il sentait que, si l'on ne venait point à son secours, il ne tarderait pas à tomber avec sa protégée, qui devait nécessairement finir par l'entraîner. Dans cette pénible situation, il regardait autour de lui, et l'expression de sa figure aurait touché l'être le plus insensible.

— Que faire !... que devenir ! se dit M. Monmorand en soufflant sur la figure de la grosse dame pour tâcher de la faire revenir. Les dames sont cruelles avec leurs évanouissements ! Madame, de grâce, tâchez de vous soutenir un peu, ou nous allons rouler tous deux !... Elle ne m'entend pas !... elle a le nez tout blanc !... J'ai bien un flacon dans ma poche ; mais si je la lâche d'un bras, elle tombera... Aïe ! je n'en puis plus !... Soyez donc chevalier français ! faites-vous le protecteur des dames !... Dans ce moment-ci je mériterais le prix Monthyon. Et si cette dame ne reprend pas ses esprits, qu'en ferai-je, moi ?... Elle n'a pas pu me dire seulement à quel hôtel elle était descendue ! La faire porter chez moi !...

que penserait-on dans le quartier ?... Fi donc ! on m'appellerait suborneur... Ouf !... il ne passera donc personne ?... Ah ! voilà quelqu'un... Hé ! monsieur ! je vous en supplie, venez à mon aide ! cela est urgent !

Ces paroles s'adressaient à un petit homme tout fluet qui montait rapidement la rue des Maçons. Il s'arrête, s'approche, regarde le vieux monsieur, la dame évanouie, et s'écrie :

— Ah ! bah !... Comment, vous voilà ici !.. Comme on se retrouve ! j'étais avec vous dans la Dame-Blanche... à côté de cette grosse dame, qui, par parenthèse, a failli m'étouffer en se plaçant dans la voiture, et je suis descendu rue Saint-André-des-Arts, parce qu'une dame me mettait des pots de fleurs dans les oreilles.

C'était l'épicier, avec qui nous avons déjà fait connaissance dans la voiture, qui venait de passer dans la rue des Maçons. Le vieux Monmorand le regarde et lui répond :

— Il est bien possible, monsieur, que nous ayons été ensemble dans une voiture... Ce sont de ces choses qui arrivent souvent maintenant à Paris ; mais veuillez d'abord m'aider à soutenir cette dame. Comme dit le bon La Fontaine :

> Tire-moi du danger,
> Tu feras après ta harangue.

— La Fontaine ? dit l'épicier en passant un de ses bras autour de la taille de madame Magnifique ; j'en connais un qui est marchand de meubles, rue des Arcis ; est-ce de celui-là que vous voulez parler ?

M. Monmorand se contente de faire un signe de tête négatif en disant :

— Soutenez-la, monsieur, soutenez-la bien.

— Peste ! c'est qu'elle est lourde, la petite maman !... Si vous me laissez tout, je ne suis pas un Hercule, moi, je ne tiendrai pas longtemps.

— Il faut bien que je cherche un flacon qui est dans ma poche... C'est du vinaigre des quatre voleurs... Cela ferait revenir un mort !

— Qu'est-il donc arrivé à cette dame pour qu'elle soit dans cet état ?... Est-ce que son mari est malade, blessé, arrêté ?

— Bien pis que tout cela... il est perdu !... On ne sait pas ce qu'il est devenu !

— Oh ! c'est très drôle !... Dites donc, monsieur, dépêchez-vous de trouver votre flacon ; les bras me font mal déjà !

— Pauvre femme !... pauvre épouse ! Son mari est venu à Paris... *In varietate voluptas* ! Il a pris pour prétexte la pâte pectorale de mon de veau !... En vain sa femme lui disait, comme le poète latin nommé Virgile :

Heu ! fuge crudeles terras, fuge littus avarum.

— Certainement! certainement! répond l'épicier en secouant la tête pour avoir l'air de comprendre : *Ludovico magno*... Tatata, lototo, carabo. Tâchez donc de trouver votre flacon.

— Le voici, je le tiens.

— C'est très heureux!

M. Monmorand tire de sa poche un vieux flacon recouvert de paille; il le débouche et le met sous le nez de madame Magnifique. La grosse maman ne bouge pas.

— Diable! dit l'épicier, il paraît que si votre vinaigre fait revenir un mort, il n'a pas de pouvoir sur les vivants.

— Cela m'étonne beaucoup. Il est vrai que, le possédant depuis dix-huit ans, il a peut-être perdu de sa vertu.

— Il n'y a pas de doute qu'il a eu le temps de s'éventer. Mais, je vous en prie, reprenez votre dame, j'ai déjà les bras engourdis.

— Mon cher monsieur, je ne demeure qu'à deux pas dans cette rue même : un peu de patience ; je vais aller jusque chez moi et je ramènerai du monde, des secours!...

— Ah! bien obligé! si vous allez chez vous, moi aussi je veux rentrer; reprenez votre dame, monsieur, je suis dans le commerce, et mes instants sont précieux. D'ailleurs je sens qu'elle va m'échapper.

— Comment, monsieur, dans un pareil moment, quand un sexe faible et délicat a besoin de vos secours, vous seriez assez barbare pour nous abandonner?...

— Le sexe faible et délicat me casse les bras!... ne me laissez pas tout porter au moins... prenez ce côté-ci.

M. Monmorand ne sait alors quel parti prendre, il se décide à revenir près de sa protégée ; il avance le bras, l'épicier retire les siens, mais probablement ces messieurs n'avaient pas bien pris leurs mesures, car la grosse dame glisse et va s'asseoir un peu brusquement sur le pavé. Cet accident a une suite heureuse, madame Magnifique recouvre aussitôt l'usage de ses sens.

— Ce n'est pas ma faute, j'avais prévenu monsieur, dit l'épicier en saluant avec son chapeau ; puis il s'éloigne en courant comme s'il eût craint qu'on ne le forçât à relever la dame. Le vieux monsieur fait mille excuses et présente sa main à madame Magnifique, qui heureusement se sent la force de se relever seule, et dit en jetant autour d'elle des regards effarés :

— Où suis-je, mon Dieu, en quel lieu me trouvé-je?... Où m'avez-vous conduite, monsieur?

— Madame, vous êtes dans la rue des Maçons... quartier de la Sorbonne. On croit qu'elle doit son nom à des maçons qui l'habitaient. Quelques écrivains affirment pourtant qu'elle le doit à un nommé *Lemasson*, qui y demeurait avec sa famille dans le courant du treizième siècle; mais ce qui me ferait douter de cette étymologie, c'est qu'à cette même époque on trouve cette rue nommée *Vicus Cœmentariorum ;* cela concorde avec la première version.

— Ce n'est donc point un songe, monsieur? je suis bien éveillée... et je suis à Paris où je n'ai pas trouvé mon mari... qui a reçu un billet doux d'une jeune femme!... Ah! la mémoire me revient trop fidèlement!

— Pendant qu'elle vous revient, madame, tâchez de vous rappeler où vous êtes descendue en arrivant à Paris, afin que j'aie l'honneur de vous reconduire chez vous.

— Comment, monsieur! Est-ce que vous voulez me quitter... m'abandonner? lorsque je n'ai d'espoir qu'en vous pour retrouver mon volage?.. Ah! monsieur je ne vous quitte plus, moi, je m'attache à vos pas, à votre personne, mon cher monsieur Morauxdents!...

— C'est Monmorand qu'il faut dire... Mon-morand...

— Pardonnez ; mais je suis si troublée, si malheureuse!...

Daignez vous tranquilliser, madame ; je vous ai offert mes services, je vous les offre derechef. Je vous guiderai, je vous conduirai dans Paris ; nous visiterons toutes les promenades, tous les lieux publics.

— Oui, monsieur, nous nous mettrons en marche à sept heures du matin, et nous ne nous arrêterons plus.

— Ah! madame, permettez, il faut pourtant bien se donner le temps de prendre ses repas.

— Je ne mangerai pas, moi, monsieur! je grignoterai une flûte en marchant, cela me suffira.

M. Monmorand commence à craindre de s'être chargé d'une rude besogne en se déclarant le chevalier de l'épouse délaissée ; mais il s'est trop avancé pour reculer, et il prend son parti.

— Madame, dit-il en cherchant à dégager son bras que la grosse maman serre contre le sien, voulez-vous seulement me permettre de vous quitter pour trois minutes? Je demeure à deux pas d'ici... dans cette maison que vous voyez là-bas; j'ai besoin d'aller un instant chez moi déposer des manuscrits... celui notamment dont j'ai eu l'honneur de vous entretenir, sur les ancêtres de Tityre et de Mélibée. Je reviens sur-le-champ.

— Je vais aller avec vous... je vous accompagnerai partout.

— Mais, madame... c'est que... songez donc... une dame venir chez un garçon!...

— Mon cher monsieur, vous êtes d'un âge qui doit imposer silence à la médisance.

Le vieux monsieur se pince les lèvres et n'a pas l'air flatté du compliment ; il reprend en s'efforçant de sourire :

— Madame... après tout, je serais charmé... mais il serait peut-être plus convenable que vous m'attendissiez chez mon portier, parce que si je me mets sur les rangs de l'Académie...

— Eh bien, soit, je vais vous attendre chez votre portier.

On se met donc en marche. On entre bientôt dans une vieille maison toute lézardée ; madame Magnifique s'asseoit chez un portier qui est presque aussi vieux que la maison, et qui est resté comme frappé par la foudre quand il a vu son locataire arriver avec une dame. M. Monmorand a fait diligence, il ne tarde pas à redescendre et vient rechercher sa protégée, qui lui dit :

— J'ai retrouvé le nom de mon hôtel ; je suis descendue au *Plat-d'Etain*, carré Saint-Martin.

— Fort bien ; je sais maintenant où je dois vous reconduire. La journée est déjà avancée : les émotions que vous avez éprouvées ont dû vous fatiguer considérablement ; si vous m'en croyez, vous irez maintenant prendre du repos et demain nous commencerons nos recherches.

— Vous croyez qu'il vaut mieux ne commencer que demain.

— Prenez mon bras, je vais avoir l'honneur de vous ramener à votre demeure.

— Et chemin faisant nous regarderons si nous n'apercevons pas Dodore.

— Certainement, on peut toujours regarder. Je n'ai pas l'avantage de connaître M. votre époux, mais d'après ce que vous m'avez dit...

— Oh ! il est bien reconnaissable... une groseille sur la joue gauche.

M. Monmorand reprend le bras de madame Magnifique, et ils se remettent en route. Chemin faisant, le vieux monsieur dit à la dame, qu'il tient sous son bras :

— Pendant que nous marchons, madame, veuillez me dire si vous avez déjà quelques raisons de supposer une intrigue à M. votre époux, si sa conduite fut toujours exempte de reproches, s'il venait souvent à Paris sans vous ; enfin, tâchez de réunir les circonstances qui pourraient nous mettre sur la voie. Je vous demande bien pardon si je me permets de vous faire ces questions, mais la confiance que vous me témoignez m'y autorise, et vous devez être certaine d'ailleurs que ce n'est pas une vaine curiosité, mais bien le désir de vous être utile, qui m'engage à vous les adresser.

— Monsieur, je vous révère déjà comme mon aïeul, répond la grosse maman en serrant le bras de son conducteur. Je vais vous dire tout ce qui concerne Dodore, tout ce que je sais du moins. Je commencerai mon récit par la jeunesse de mon mari.

— Prenez-le *ab ovo*, madame.

— Non, je le prendrai à Orléans, c'est là qu'il est né. Théodore Magnifique, mon époux, est d'une famille très estimée ; son père, négociant en gros, propagea le madapolam dans le département du Loiret, et il aurait été nommé député s'il n'avait point avalé une arête qui lui donna une extinction de voix pour tout le restant de sa vie. Voyez à quoi tiennent les grandeurs, monsieur ! Manquer d'être député... parce qu'on a mangé de la carpe !... C'était une arête de carpe.

— J'ai bien manqué toute ma vie le titre d'académicien, moi, et pourtant je n'ai point une extinction de voix. Poursuivez, madame.

— Je poursuis : mon époux naquit avec les plus heureuses dispositions, un cœur généreux, une âme ardente, un goût prononcé pour le bilboquet et un grand amour pour les serins. On cultiva ce naturel aimable. Dodore reçut une fort brillante éducation, et lorsqu'il eut atteint sa dix-neuvième année, on s'aperçut qu'il était parfaitement en état de danser une contredanse. On voulait le mettre dans la robe, en faire un avocat ; mais, hélas ! ses parents durent bientôt renoncer à cet espoir !

— Est-ce qu'il avait aussi avalé une arête ?

— Non, monsieur, mais il était continuellement enrhumé du cerveau, et un avocat qui ne fait qu'éternuer n'aurait inspiré aucune confiance aux plaideurs. Mon mari se décida à ne rien faire, et ses parents applaudirent à cette sage résolution qui lui permettait de se livrer entièrement à son goût pour les serins et le bilboquet. Cependant, deux années avant notre mariage, Dodore voulut se rendre à Paris pour voir un peu le monde et tâcher d'y guérir son rhume de cerveau. Mais, loin de ses parents, livré seul aux dangers d'une ville trop attrayante, il paraît que ce jeune homme se laissa entraîner... qu'il eut une grande faute à se reprocher... J'entendis parler d'une jeune fille séduite.

— Diable ! cela devient grave !

Les parents de Dodore, ayant appris cette intrigue, firent promptement revenir leur fils auprès d'eux. Dodore se soumit. Je dois lui rendre cette justice qu'il a toujours été très obéissant.

— Et la jeune fille séduite ?

— Monsieur, j'ai lieu de croire que l'on assura son sort. Vous sentez bien que devant moi on ne parlait point de tout cela ; je ne pus que saisir quelques mots vagues par-ci par-là. Ce qu'il y a de certain, c'est qu'il y a dix-huit ans Dodore m'épousa en me jurant amour et fidélité. Au bout de quelques années, ses parents moururent en me recommandant en secret de ne jamais laisser venir mon époux à Paris. J'aurais dû me rappeler cette recommandation; mais le temps s'écoula, mon mari me rendait très heureuse, je n'avais pas un reproche à lui adresser; il passait tous ses loisirs entre ses serins, son bilboquet et moi. Quelquefois cependant il me témoignait le désir d'aller faire un tour à Paris; mais je trouvais toujours moyen de lui faire oublier ce projet, qui ne se réalisait pas. Voilà, monsieur, le tableau fidèle de notre ménage, où notre bonheur eût été complet si le ciel nous eût accordé des enfants. Enfin, il y a deux mois à peu près, je lui ai un gros rhume qui me fatiguait beaucoup, comme j'ai eu l'avantage de vous le dire. Mon mari entendit parler de cette malheureuse pâte de mou de veau; il aurait pu en trouver à Orléans, mais il crut que la bonne, la véritable, ne pouvait s'acheter qu'à Paris... Peut-être saisit-il ce prétexte pour satisfaire le désir qu'il témoignait depuis si longtemps de revoir la capitale... Bref, il partit, et vous savez le reste!

— Votre récit m'a vivement ému, madame; mais ne craignez-vous pas que M. Magnifique n'ait retrouvé ici cette personne qu'il y connut jadis?

— J'avais entendu dire qu'elle était morte. D'ailleurs, monsieur, songez qu'il y a vingt ans que mon mari a eu cette intrigue... Si la personne qu'il connut existe encore, ce ne peut pas être la jeune femme qui est venue lui porter une lettre à son hôtel.

— Vous avez parfaitement raison, madame, le temps a suivi son cours pour tout le monde. Le temps!... *cette image mobile de l'immobile éternité!...* J'ai fait aussi une ode sur ce sujet; je n'assure pas qu'elle vaille celle de Jean-Baptiste Rousseau, cependant j'en ai fait hommage à l'Académie... qui n'en a pas fait mention.

— Nous voici au *Plat-d'Étain*, monsieur. Je reconnais la maison où je suis descendue.

— Alors je vous quitte, madame, et demain j'aurai l'honneur de venir vous prendre; nous commencerons nos recherches. Cela vous fera connaître Paris en même temps.

— Ah! monsieur... encore un mot : dites-moi, il y a à Paris un journal dans lequel on annonce les effets perdus, je crois?

— Oui, madame, ce sont les *Petites-Affiches*.

— Monsieur, si je faisais insérer mon mari dans ce journal en promettant une forte récompense à celui qui me le ramènerait? avec le signalement, est-ce que cela ne serait pas faisable?

— Madame, il n'y a pas de doute que cela puisse se faire; mais je vous conseille d'attendre d'abord le résultat de nos recherches, car M. votre époux pourrait se formaliser d'être mis dans les *Petites-Affiches* à la suite des portefeuilles et des chiens perdus.

— J'attendrai alors. A demain; de bonne heure surtout! songez que je n'ai plus d'espoir qu'en vous, mon cher monsieur Morauxdents!...

— C'est Monmorand que l'on doit prononcer. Au revoir, madame, et tâchez de vous tranquilliser.

Le vieux monsieur s'éloigna; mais madame Magnifique, qui n'était pas tranquille, pria son hôtesse de lui envoyer quatre commissionnaires. Ces hommes venus, elle leur donna bien exactement le signalement de son mari, leur mit à chacun dix francs dans la main et leur dit :

— Je vous en donnerai autant tous les jours; parcourez les quatre coins de la ville et retrouvez-moi mon mari; il y aura une récompense honnête de cinquante francs pour celui qui me donnera de ses nouvelles.

Le lendemain, le vieux monsieur, fidèle à sa parole, se présenta chez madame Magnifique avant neuf heures du matin. Celle-ci était déjà habillée, coiffée; elle prit le bras de son guide et on partit.

— Où irons-nous d'abord? demanda l'épouse désolée.

— Mais à la Bibliothèque.

— Comment? vous voulez chercher mon mari à la Bibliothèque?...

— Sans doute, madame, c'est là que doivent aller tous les étrangers. Moi, qui ne le suis pas, j'y passe bien une partie de mes journées.

— Ah! monsieur, si mon mari se promène avec une jeune femme, je ne crois pas qu'il la mène à la Bibliothèque.

— Alors, madame, voulez-vous aller d'abord au Jardin des plantes?...

— Qu'est-ce qu'on voit là, monsieur?

— Des animaux, des lions, des ours, des tigres.

— En effet, je trouverai plutôt mon mari par là, lui qui aime tant les serins! Allons voir les animaux, monsieur.

M. Monmorand conduisit donc madame Magnifique au Jardin des plantes; il lui en fit parcourir toutes les parties, sans oublier le Musée d'histoire naturelle; mais la grosse dame n'aperçoit pas son Dodore. Le vieux monsieur ramène sa compagne en lui faisant parcourir toute la ligne des boulevards, et lui dit :

— Si M. votre époux se promène, ce doit être par ici. Ces boulevards si gais, si vivants, si mar-

— Qu'est-ce que vous aimez? le doux ou le raide?

chands, attirent à Paris tous les étrangers. Dans l'origine, ce n'étaient que des fossés; ils furent creusés en 1536 pour défendre cette ville contre les attaques des Anglais.

— Ah! je crois que c'est lui! s'écrie tout à coup madame Magnifique en lâchant le bras de son guide pour courir après un petit monsieur qui courait très vite; mais, arrivée devant la personne qu'elle poursuivait, la grosse dame reconnaît son erreur et porte son mouchoir à ses yeux, en s'écriant :

— Ce n'est pas Dodore!...

Bref, la première journée s'écoula ainsi sans amener aucune découverte. La seconde et la troisième journées ne furent pas plus heureuses. Le vieux Monmorand commence à être sur les dents et à trouver fatigant de promener une dame depuis neuf heures du matin jusqu'à la nuit dans les rues de Paris. D'un autre côté, madame Magnifique n'est pas mieux renseignée par ses quatre commissionnaires, qui lui coûtent ensemble quarante francs par jour. Elle se désespère et revient au projet de faire insérer son mari dans les *Petites-Affiches*. M. Monmorand ne s'y oppose plus, parce qu'il craint de gagner une courbature en continuant le métier de cornac que sa protégée le force à faire.

Mais vers le milieu de la cinquième journée,

en se promenant dans le Palais-Royal, dont son conducteur lui apprenait l'âge et l'histoire, madame Magnifique, qui venait de porter ses regards du côté du jardin, poussa tout à coup un cri perçant ; puis, serrant le bras de M. Monmorand de manière à lui faire mal, elle lui indiqua du doigt deux personnes qui se promenaient près du bassin.

Le vieux monsieur regarda et vit une jolie femme, dont la mise était décente mais modeste, qui s'appuyait sur le bras d'un petit monsieur d'une quarantaine d'années, qui était laid de figure et louchait prodigieusement.

— Eh bien ! qu'y a-t-il ? dit Monmorand en se retournant vers sa compagne dont les traits étaient bouleversés ; qu'avez-vous ? est-ce par hasard ce monsieur que je vois là-bas tenant une jeune femme sous son bras ?...

— C'est... c'est... c'est mon mari ! répond madame Magnifique d'une voix étouffée. Ah ! monsieur... soutenez-moi !...

En reconnaissant son mari dans le monsieur qui tient le bras d'une jeune femme, madame Magnifique chancelle comme si elle allait se trouver mal ; son vieux conducteur lui dit d'un air suppliant :

— Ah ! madame, par grâce, n'allez pas encore vous évanouir !... Vous ne savez pas dans quel embarras cela me jette !... Et d'ailleurs, pendant que je serais obligé de vous donner des soins, votre mari vous échapperait.

— Vous avez raison, monsieur, et cette pensée ranime mon courage, le désespoir même doublera mes forces, car je suis trahie, monsieur ; je ne puis plus en douter maintenant !... Il promène une femme, le monstre ! il la promène autour du bassin...

— Ce n'est peut-être que pour lui faire admirer les petits poissons rouges... Cependant je ne crois pas qu'il y en ait ici...

— Allons, monsieur, venez... courons après ce perfide...

— Quel est donc votre dessein, madame ?

— De tomber comme la foudre devant mon mari, de le confondre, de lui faire une scène et d'arracher les yeux à cette péronnelle qui ose se permettre de lui donner le bras !

— Je vous en supplie, madame, ne faites rien de tout cela... Une scène, des cris, des pleurs *coram populo !* cela ne vaut rien du tout, et si votre époux vous trompe, ce n'est pas de cette façon que vous le ramènerez à vous.

— Eh ! voulez-vous, monsieur, que je le laisse impunément m'outrager, m'abandonner, que je le laisse au bras de cette... je ne sais quoi !... Ah ! les jambes me démangent, j'ai comme des fourmis sur les bras... Laissez-moi courir après eux.

— De grâce, madame, laissez-vous guider par moi. D'abord, il n'est pas nécessaire en ce moment de courir pour rejoindre votre époux, car il marche extrêmement doucement... nous le voyons... il est là, il est retrouvé, et nous ne le perdrons plus, c'est le point essentiel ; mais il s'agit à présent de s'assurer de la conduite qu'il a tenue, de savoir quelle est la personne qu'il promène, et pour cela il faut en ce moment nous contenter de suivre de loin votre mari et cette dame...

— Quoi ! monsieur, vous voulez que je suive tranquillement ce traître qui, au lieu de jouer innocemment au bilboquet, mène à Paris la vie d'un satrape, d'un sybarite !

— Madame, je vais en deux mots vous faire comprendre que mon conseil est bon : si vous vous présentez en ce moment à votre époux en lui adressant des reproches qu'il mérite peut-être... Je dis *peut-être*, vu que les apparences sont souvent trompeuses... *Errare humanum est.*

— Ah ! monsieur, je vous en prie, ne me parlez pas polonais !

— C'est du latin, madame. Eh bien ! si vous cédez aux transports de votre jalousie, monsieur votre mari, pour ne point entendre vos reproches dans un jardin public, peut vous laisser là, s'éloigner, se sauver de nouveau avec sa société. Alors qu'arrivera-t-il ? Vous voudrez courir après M. Magnifique ; mais avec votre embonpoint, madame, il est impossible que vous couriez vite et longtemps ; moi, de mon côté, je vous préviens que je ne cours pas du tout. Alors votre mari vous échappera, et cette fois il est probable que ce sera pour longtemps ; car vous sachant à Paris et à sa recherche, il se tiendra sur ses gardes et prendra ses précautions pour ne pas être aperçu.

— Vous croyez, monsieur ?... il se pourrait... et je perdrais encore Dodore !... et peut-être pour toujours !... Ah ! c'en est fait, monsieur, je ne veux plus suivre que vos conseils... Je vais ré primer ma fureur jalouse... quoiqu'elle m brûle... me transporte... m'étouffe... Que faut-il faire, monsieur ?

— Nous contenter de suivre de loin monsieur votre mari. Venez, madame... appuyez-vous s mon bras... pas trop, cependant... entrons au dans le jardin... Nous nous tiendrons assez éloigné pour qu'ils ne puissent nous voir ; d'ailleurs il s'agit que d'éviter les regards de votre mari ; ca pour la jeune personne qui est avec lui, il e probable qu'elle ne vous connaît pas.

Madame Magnifique entre dans le jardin av

son conducteur. La pauvre dame se pince les lèvres, se contorsionne toute la figure, et s'efforce de ne point pleurer tout en regardant son Dodore se promener bien doucement à cinquante pas d'elle avec une jeune femme sous le bras.

— Ah! monsieur, dit la grosse maman en portant son mouchoir sur ses yeux, croyez-vous que jamais épouse fût dans une situation plus déplorable que la mienne?... En connaissez-vous dans l'histoire ancienne qui aient suivi leur perfide dans le jardin du Palais-Royal?

— Je comprends, madame, tout ce que votre position a de pénible... et de cruel...

— Hi, hi, hi! un homme que j'adore, monsieur, que j'idolâtre! que je trouvais plus beau que l'Apollon du Belvédère!...

— Il n'en a pas la taille, cependant.

— Un homme pour lequel je brodais des manchettes de batiste, et auquel je faisais souvent manger des pommes meringuées, parce qu'il les aime beaucoup... Hi, hi, hi.

— Tâchez de vous modérer, madame; nous avons retrouvé votre mari, c'est déjà beaucoup.

— Si je le retrouve sans son cœur, monsieur, à quoi cela m'avancera-t-il? Voyez comme il parle à cette femme...

— C'est vrai, il a l'air de lui parler avec action.

— Elle lui répond, l'audacieuse!

— Cela me fait cet effet-là.

— Quelle horrible tournure!... quelle mise!... quelle coiffure!... C'est tout au plus une grisette!

— Mais sa mise me paraît, à moi, assez convenable...

— Non, monsieur, elle n'est pas convenable. D'abord, on ne porte plus de robes faites comme cela... Ah! cette garniture, c'est pitoyable!...

— Son bonnet me semble assez joli.

— Joli! vous trouvez ce bonnet-là joli. On voit bien que vous ne vous y connaissez pas. Il est affreux, ce bonnet-là... Je n'en ai jamais vu de semblable à Orléans... Un homme bien né, une homme dans la position de M. Magnifique, sortir avec une femme en bonnet!

— Madame, je vous assure qu'à Paris les dames portent des bonnets. J'en ai vu à une séance publique, à l'Académie.

— Et moi, monsieur, je vous dis que c'est très mauvais genre. Cela ne se porte qu'en voiture ou en soirée. Mais je voudrais bien voir la figure de cette femme... Avançons un peu, monsieur, avançons sur le côté en nous tenant dans une contre-allée... alors je pourrai voir ma rivale!...

— Allons sur le côté, je n'y vois aucun inconvénient, pourvu que nous nous tenions toujours à distance convenable.

Madame Magnifique force son compagnon à doubler le pas; ils arrivent sur la même ligne que les deux personnes qu'ils suivent et peuvent facilement voir la figure de la jeune femme qui se tourne vers eux pour parler à M. Dodore.

— Ah! mon Dieu! qu'elle est laide! s'écrie la grosse dame en s'appuyant sur son compagnon. Ah! quelle figure commune! Où donc M. Magnifique a-t-il les yeux?

— Vous trouvez cette jeune femme laide? dit M. Monmorand en regardant à son tour. Mais cependant... elle a de fort beaux yeux.

— C'est-à-dire de grands yeux... comme des portes cochères!... Est-ce que vous aimez les grands yeux, par hasard? je ne trouve rien de laid comme ça, moi.

— Elle a un nez bien fait... une petite bouche.

— Ah! un nez! vous êtes bien honnête d'appeler cela un nez; moi je dis que c'est un marron collé sur sa figure. Quant à sa bouche, elle est petite, c'est vrai, mais bien désagréable!...

— Son ensemble me paraît assez gracieux.

— Fi donc! point d'expression!... une figure fade, bête!... et des cheveux rouges, je crois!

— Non, elle est blonde...

— Oh! blonde... c'est un blond bien hasardé... Et quelle maigreur!... C'est un os que cette femme-là...

— Mais pourtant...

— Je vous dis, monsieur, que cette femme-là est affreuse, et qu'elle n'a rien pour elle.

Le vieux Monmorand ne juge pas à propos de soutenir son opinion. Il sent bien qu'il faut laisser à une épouse trompée la consolation de trouver sa rivale laide, ou du moins de le dire; car dans le fond de son cœur, une rivale même rend toujours justice à celle que sa bouche critique bien haut.

— Il lui parle continuellement! reprend madame Magnifique en suivant des yeux tous les mouvements de son mari. Le perfide! Mais où donc ces messieurs vont-ils prendre tout ce qu'ils disent quand ils ne sont pas avec leurs femmes?... Près de moi, monsieur, il restait quelquefois deux heures sans prononcer une parole.

— C'est qu'il était toujours certain, madame, de pouvoir vous dire le lendemain ce qu'il ne vous avait pas conté la veille. Mais les voilà qui se dirigent du côté des galeries... Allons moins vite, madame, car par là nous risquerions d'être vus si votre mari se retournait.

— Oh! il ne se retournera pas le scélérat, il n'y a point de danger! il est trop occupé de sa conquête.

M. Magnifique et la dame prennent la galerie de Valois, la suivent, tournent, et, entrant dans le passage du Perron, s'arrêtent à la boutique du pâtissier.

— Eh bien, voilà qui est joli, dit la grosse dame en secouant le bras de son conducteur. Je crois vraiment qu'il va offrir des gâteaux à cette femme... oui... ils entrent chez le pâtissier.

— Repassons dans le jardin, dit M. Monmorand, nous serons mieux pour les voir.

— Elle mange des pâtés, cette femme... Ah! monsieur, quand je vous disais que c'était moins que rien!

— Madame, j'ai l'honneur de vous assurer qu'à Paris les gens les plus comme il faut ne craignent point d'être ridicules en mangeant des petits pâtés.

— Ce n'est pas possible, monsieur. Scélérat de Dodore... Il en mange aussi!... Il offre d'autres gâteaux à cette femme... Voilà où passe sa fortune! voilà comme on se ruine à Paris!... S'il lui fait manger des meringues, je sens que je ne pourrai plus me contenir... Je sauterai dans la boutique!...

Heureusement la galanterie de M. Magnifique se borne à des petits pâtés. Il paye, reprend le bras de la jeune femme, et tous deux sortent du Palais-Royal et se dirigent du côté de la place des Victoires.

Madame Magnifique fait avancer son vieux conducteur, ils recommencent à suivre Dodore et sa compagne; mais l'émotion de la grosse dame augmentant à chaque moment, elle s'appuie quelquefois avec tant d'abandon sur M. Monmorand, que celui-ci est accablé de fatigue, et que la sueur ruisselle sur son front, tandis que sa compagne essuie des larmes qui de temps à autre s'échappent de ses yeux.

M. Magnifique suit avec sa dame la rue des Fossés-Montmartre, puis la rue Neuve-Saint-Eustache, puis la rue de Bourbon-Villeneuve.

— Est-ce qu'ils vont nous mener à l'autre bout de Paris? dit madame Magnifique en poussant un gros soupir.

— Je prie le ciel pour qu'ils s'arrêtent bientôt! dit le vieux monsieur en s'essuyant le visage avec son mouchoir, car... véritablement... je me sens bien fatigué... et s'il fallait aller encore loin comme cela... je ne sais si...

— Ah! vous ne m'abandonneriez pas... vous ne me priveriez pas de votre appui, moi qui suis tous vos conseils... qui vous chéris déjà comme mon grand-père, comme un oncle, un parrain, mon bon, mon cher monsieur Malauxdents!

— C'est Monmorand que je me nomme.

— Ah! les voilà qui tournent du côté des boulevards; ils entrent dans le faubourg Saint-Denis.. Mais il est considérablement long, le faubourg Saint-Denis. — Ah! ils s'arrêtent enfin.

M. Magnifique et sa compagne viennent en effet de s'arrêter devant une maison à allée, contre laquelle est la boutique d'un épicier. La grosse dame et le vieux monsieur se cachent sous une porte cochère à quelque distance. La conversation continue encore entre les deux personnes qui sont devant l'allée.

— Il ne finira pas de lui parler dit madame Magnifique en trépignant des pieds avec colère, et sans s'apercevoir qu'elle marche dans un ruisseau et éclabousse son protecteur.

— Prenez garde... vous m'envoyez de l'eau, dit M. Monmorand en se reculant.

— Il la regarde tendrement... voyez-vous, monsieur...

— Il vaudrait mieux ne pas marcher dans le ruisseau.

— Il lui prend la main !... Ah! l'indigne!

— C'est vrai; mais quand on quitte quelqu'un, cela se fait encore...

— Je gage qu'il serre la main de cette femme dans la sienne.

— Cela pourrait bien être...

— Je ne dois pas souffrir ces choses-là, monsieur.

Et madame Magnifique veut s'élancer vers son mari; M. Monmorand a beaucoup de peine à la retenir sous la porte cochère. Enfin on s'est dit adieu. La jeune femme est entré dans la maison, et M. Dodore redescend le faubourg Saint-Denis.

— Nous savons où cette jeune personne demeure, dit le vieux monsieur; c'est déjà quelque chose... car il est bien probable que c'est là sa demeure. Maintenant suivons votre époux, qui va sans doute retourner à son hôtel, et plaise à Dieu qu'il ne loge pas bien loin!

— Mais il faudra reconnaître la maison de cette femme, Monsieur, pour revenir prendre des informations...

— Soyez tranquille, madame, j'ai pris le numéro... C'est à côté d'un épicier... je la reconnaîtrai parfaitement.

— Bien vilaine maison, du reste... bien noire... une allée pour entrer... Ah! Dieu! cela me rappelle la complainte de *Bancal* et du *Fualdès*! Suivons mon mari.

M. Magnifique a pris le chemin des boulevards. Il tourne du côté du Gymnase, il s'arrête devant les boutiques, devant les étalages des marchands, examine les toilettes, lorgne les dames : on voit enfin qu'il est dehors pour son agrément.

— Mais regardez donc le genre que se donne Dodore! dit madame Magnifique en suivant son mari; cet air dégagé... ce maintien de petit-maître... Il se retourne pour regarder une dame!.. Ah! monsieur, le séjour de Paris a démoralisé mon époux!

M. Monmorand n'a qu'une pensée : c'est que celui qu'il est obligé de suivre ne demeure pas très loin ; car le vieux chevalier des dames n'en est pas à se repentir de la rencontre qu'il a faite dans une Dame-Blanche ; mais il n'y a plus moyen de reculer, sa protégée serait capable de l'emporter dans ses bras s'il refusait d'avancer.

Enfin M. Magnifique a pris la rue Montmartre, et bientôt on le voit entrer dans un hôtel meublé.

— Voilà sa demeure! s'écrie madame Magnifique.

— Dieu soit loué! dit le vieux Monmorand. Cependant, comme il faut être bien sûr de notre fait, attendez-moi une minute devant cette boutique ; je vais aller jusqu'à cet hôtel, et je demanderai au concierge si c'est bien là que loge M. Magnifique, d'Orléans.

— Allez, ô mon second père! dit la grosse maman, moi je compte les instants.

M. Monmorand entre dans l'hôtel et revient au bout de quelques minutes ; son visage est rayonnant.

— C'est là, c'est bien là qu'il loge, dit-il à sa protégée. Il y a trois semaines... cela s'accorde parfaitement ; votre mari ne peut plus vous échapper... Ouf! j'en suis presque aussi content que vous!...

— Homme généreux! que ne vous dois-je pas?..

— Maintenant, madame, je ne vois aucun inconvénient à ce que vous vous présentiez au domicile de votre mari... Vous lui ferez tous les reproches que vous jugerez convenables... Il s'excusera peut-être... Enfin il est retrouvé, et j'ai bien l'honneur...

— Ah! mon cher monsieur, voudriez-vous m'abandonner ainsi... laisser votre ouvrage imparfait?... J'ai retrouvé mon mari, mais il m'est infidèle, tout me le prouve. Vous ne m'avez pas rendue au bonheur si vous ne rétablissez pas la paix dans mon ménage...

— Madame, pour ces choses-là... je ne me flatte pas d'être assez savant... L'Académie a mis au concours beaucoup de sujets, mais elle n'a jamais pensé à offrir un prix qui ferait renaître l'amour entre deux époux... Vous avez retrouvé votre mari, j'ai bien l'honneur...

Le vieux monsieur veut toujours s'en aller ; mais madame Magnifique le retient en s'écriant :

— Non, monsieur, votre tâche n'est point remplie... vos bons offices me sont encore indispensables... Monsieur ne me refusez pas, ou je vais me jeter à vos pieds.

M. Monmorand, qui craint que la grosse dame ne le fasse comme elle le dit, ce qui au milieu de la rue Montmartre, où il passe plus de monde que dans la rue des Maçons-Sorbonne, aurait paru extrêmement original, répond à sa protégée.

— Eh bien, madame, voyons, qu'exigez-vous encore de moi ?

Que vous ayez la bonté de vous rendre à la demeure de cette femme pour qui mon époux me trompe, que vous la voyiez, que vous la fassiez rougir de sa conduite en la menaçant de ma colère si elle revoit Dodore ; puis enfin qu'après être revenu me rendre compte du résultat de votre démarche, vous fassiez une verte semonce à mon époux, si par hasard il résiste à mes larmes et refuse de partir sur le champ avec moi pour Orléans.

— J'irai voir cette jeune fille, dit M. Monmorand, et demain matin je vous rendrai compte de cette entrevue. Quant à une semonce pour votre mari, je ne promets rien...

— A demain matin alors, ô mon protecteur!

— A demain, madame.

— Moi, je vais me présenter à Dodore. Ah! priez le ciel pour que je ramène un volage.

— Oui, madame, oui... du courage! J'ai bien l'honneur de vous saluer.

Le vieux monsieur s'éloigne sans vouloir en écouter davantage. Et la grosse dame s'avance à grands pas vers l'hôtel où loge son mari. Mais, arrivée là, elle sent ses forces faillir, et c'est d'une voix éteinte qu'elle dit au concierge :

— Je désire parler à M. Magnifique.

— Il y est, madame. Au second, le numéro 4.

Madame Magnifique est déjà sur l'escalier. Elle monte en s'appuyant à la rampe ; elle est devant le numéro 4. La clef est sur la porte ; elle la tourne, entre dans une chambre, où son mari est occupé à écrire avec tant d'attention, qu'il ne se retourne pas pour savoir quelle est la personne qui vient d'entrer chez lui.

Madame Magnifique saute d'un bond près de son mari, et, s'emparant de la lettre qu'il a commencée, lui dit :

— Ah! monstre! à qui écris-tu là ?

M. Magnifique lève la tête, et en reconnaissant sa femme, devient tour à tour rouge, blême, et laisse tomber à terre l'écritoire et la poussière.

Pendant quelques minutes, M. Dodore Magnifique s'est trouvé hors d'état de pouvoir dire un mot. La présence inattendue de sa femme a produit sur ses esprits un tel bouleversement que, ne sachant plus ce qu'il fait, après avoir avec son bras renversé l'écritoire, il la ramasse et la met dans sa poche, croyant probablement que c'est une paire de gants, et tenant toujours les yeux baissés vers la terre pour ne point rencontrer les regards foudroyants de son épouse. Celle-ci pose dramatiquement devant lui et, voyant qu'il s'obstine à ne point la regarder, s'écrie :

— Vous n'osez plus envisager votre femme, votre Églantine ! Ah ! je le conçois après votre infâme conduite... Ma présence vous atterre !... Vous pensiez donc, monsieur, que je resterais tranquillement à Orléans, sans avoir de vos nouvelles, sans savoir ce que vous étiez devenu, sans m'en inquiéter, peut-être !... tandis que vous meniez à Paris la conduite d'un *Festin de Pierre!*... car, je n'exagère pas, vous êtes aussi coupable qu'un *Don Juan!*... Mais parlez donc, monsieur, parlez... Dites, que faites-vous à Paris?... Pourquoi avez-vous changé d'hôtel?... Pourquoi ne reveniez-vous pas comme vous me l'aviez promis dans votre dernière lettre?

M. Magnifique balbutie enfin d'une voix tremblante :

— Ma femme... c'est que... la pâte de mou de veau...

— Laissons ces subterfuges de côté, monsieur; je vois trop maintenant que ce n'était qu'un prétexte pour me quitter.

— Non, Églantine, je t'assure...

— Je vous dis que vous êtes un monstre! que je connais vos trahisons ! Et cette lettre, à qui l'adressiez-vous?... Est-ce à moi que vous écriviez? Voyons cela...

M. Magnifique veut empêcher sa femme de lire le papier dont elle s'est emparée, il lui prend le bras et lui dit d'un ton suppliant :

— Ne lis pas cela, Églantine, je t'en supplie... C'est une recette pour élever les vers à soie... Rends-moi ce papier, c'est de la politique, ça ne peut pas être lu par les femmes...

Églantine n'écoute pas son époux, et, le repoussant loin d'elle, lit la lettre commencée, en s'interrompant fréquemment pour exhaler sa colère :

« Mademoiselle Émilie... (Ah! vous connaissez une demoiselle Émilie, et vous lui écrivez. Continuons), je ne puis pas vous dire combien je suis enchanté d'avoir fait votre connaissance. (Sa connaissance! ce doit être quelque chose de beau, en effet!...) L'amitié que vous m'avez témoignée tout d'abord et les paroles aimables que vous me dites... (Ah! elle vous dit des paroles aimables!... Faut-il qu'une jeune fille soit criminelle à ce point!) ne me laissent plus de doute sur le sentiment que j'ai eu le bonheur de vous inspirer. (Ah! monsieur, vous inspirez des sentiments? Cela ne vous était jamais arrivé à Orléans, pourtant!...) De mon côté, je vous écris pour vous avouer que je vous aime tendrement et que je suis fier d'avoir fait votre conquête, et j'espère bien... »

— Il y a pas davantage, mais c'en est assez pour me prouver votre perfidie.. Suis-je assez malheureuse!... Ah! Dodore! vous voulez donc me faire mourir de chagrin!...

Madame Magnifique s'est laissée tomber sur une chaise, et elle donne un libre cours à ses sanglots. Dodore, touché de la douleur de sa femme, voyant qu'il ne peut plus la tromper sur sa conduite, va se mettre à deux genoux devant elle et lui dit :

— Ma chère amie, je suis bien coupable, cela est vrai, je ne chercherai plus à le dissimuler; je ne sais quel vertige m'a pris... Je ne saurais expliquer comment il se fait que moi, jusqu'alors si rangé, si sage, j'aie pu devenir un mauvais sujet... car en ne t'écrivant plus, en te laissant dans l'inquiétude, certainement je me suis conduit comme un mauvais sujet; mais pardonne-moi... je reconnais mes torts, et je vais te faire un aveu sincère de mes fautes, un récit fidèle de ma conduite depuis que je suis à Paris.

— Ne me cachez rien surtout, monsieur. Dites moi bien l'exacte vérité... Je verrai ensuite si je puis vous pardonner.

M. Magnifique veut d'abord baiser la main de sa femme, mais celle-ci la retire avec dignité; alors l'époux coupable commence son récit sans quitter la position humble qu'il a prise :

— J'étais venu à Paris, tu sais pourquoi, pour l'acheter de la...

— Oui, monsieur, ne revenons pas là-dessus, je vous en prie.

— Me trouvant dans cette ville que je n'avais pas revue depuis près de vingt ans, j'employai les premiers temps de mon arrivée à voir les promenades, les spectacles, les cafés... il y a de bien beaux cafés à Paris... Je t'en parlais dans mes lettres, je crois?

— Oui, monsieur, mais ensuite?

— J'étais à la veille de repartir pour Orléans, lorsqu'il me prit envie d'aller au spectacle avec un monsieur de ma connaissance que j'avais retrouvé ici... M. Franvillier, le négociant... Tu te rappelles M. Franvillier?

— Oui, un assez mauvais sujet, par parenthèse, qui n'achète un chapeau à sa femme que tous les ans, tandis qu'il dépense, lui, un argent fou en gilets, en cravates et en cordons de montre... Poursuivez, monsieur.

— Je rencontrai donc Franvillier qui me dit :

— Voulez-vous venir au spectacle avec moi? allons à Franconi. J'acceptai.

— Qu'est-ce que c'est que Franconi, monsieur?

— Ma femme, c'est un théâtre où l'on joue avec des chevaux et où l'on se bat avec des canons naturels.

— Ah! mon Dieu! vous vouliez donc perdre une jambe à Paris, monsieur? Enfin, poursuivez.

— Nous voilà au spectacle; devant nous se trouvaient deux dames assez jeunes... il y en avait même une fort jeune et assez jolie...

— Jolie!... si vous n'aviez regardé que les chevaux, vous n'auriez pas remarqué cette femme.

— Pendant les entr'actes, je causais avec Franvillier qui aime beaucoup à causer et parle assez haut. Bientôt je remarquai qu'une des deux dames... la plus jeune et la plus gentille, n'ôtait pas ses regards de dessus moi.

— Cela était bien indécent de sa part.

— Je crus d'abord me tromper; mais Franvillier lui-même le remarqua, car il dit en riant :

— Mon cher Magnifique, vous avez fait une conquête... voilà une jeune personne qui vous mange des yeux.

— Il fallait sur-le-champ changer de place, monsieur, ou quitter le spectacle.

— Je sentis que je devenais rouge comme une cerise... et je dois avouer, ma chère amie, que n'ayant pas l'habitude de faire des conquêtes, je ne pus me défendre d'un sentiment d'orgueil... Mon amour-propre se trouvait flatté, d'autant plus que Franvillier avait l'air piqué parce qu'on ne le regardait pas du tout, lui...

— Oh! ces hommes! ils sont plus coquets que les femmes.

Vers le milieu de la pièce, on tira les canons naturels; la jeune personne qui me regardait si souvent eut peur et se pencha contre moi en poussant un cri. Cela me donna occasion d'entamer avec elle la conversation.

— Belle conduite! Voilà ce que c'est que d'aller à un théâtre où il y a des canons naturels. Continuez, monsieur.

— Nous causâmes donc... Je ne sais pas ce qui se passait en moi... mais je ne puis te cacher, ma chère Églantine, que la voix de cette jeune personne, ses traits, son air aimable... me firent une impression...

— Assez, monstre, assez! allez au fait.

— Franvillier, qui était toujours de mauvaise humeur parce qu'on ne le regardait pas, me quitta avant la fin du spectacle; moi je restai; je continuai de parler avec la jeune personne, et quand la pièce finit, je lui offris mon bras, ainsi qu'à son amie, pour les reconduire chez elles.

— Infâme!... Le maréchal de Richelieu n'était qu'un enfant auprès de vous!... Poursuivez.

— On accepta ma proposition.

— Oh! je le crois.

— Je ramenai ces dames à leur domicile; elles demeuraient dans la même maison, au faubourg Saint-Denis. La personne qui m'avait remarqué si souvent se nommait Émilie... j'entendis son amie l'appeler ainsi. Elle me dit qu'elle était fleuriste et travaillait chez elle. Je lui demandai la permission d'aller lui présenter mes devoirs...

— Vos devoirs, à une fleuriste!... Est-ce que vous aviez des bouquets à acheter?... Est-ce que vous aviez affaire chez une fleuriste?

— Mademoiselle Émilie me dit qu'elle me recevrait avec le plus grands plaisir... et le lendemain j'allai lui faire une visite.

— Oh! ce Paris! ce Paris! quel gouffre!... Après, monsieur?

— Mademoiselle Émilie me reçut fort bien... elle fait des fleurs dans la perfection...

— Ah! vous avez remarqué cela!... Et moi qui vous brode des manchettes, vous ne m'avez jamais fait un compliment sur ma broderie.

— Je causai longtemps avec cette fille, elle me dit qu'elle était orpheline, que sa mère était morte depuis quatre ans seulement.

— Je vous demande un peu en quoi tout cela vous regardait!

— Elle m'engagea à revenir la voir, me dit qu'elle se trouvait bien heureuse de m'avoir rencontré; enfin elle me dit tant de choses aimables que j'en perdis la tête. Je dois te l'avouer, ô mon Églantine, j'oubliai Orléans, je ne songeai plus à retourner près de toi. Je ne pensai même pas à t'écrire pour calmer tes inquiétudes! Je ne songeais plus qu'à cette jeune fille... Je commençai par quitter mon hôtel de la rue des Mathurins-Saint-Jacques, et je vins loger ici pour être plus près de la personne dont j'avais fait connaissance. J'allais chez elle tous les jours, mais je ne lui disais pas un mot d'amour : je te jure. Cependant aujourd'hui même elle a consenti à venir se promener avec moi. Nous avons été au Palais-Royal.

— Et vous lui avez acheté des petits pâtés!... je le sais.

— Cela est vrai. En la promenant, je me disais tout bas : Je devrais déclarer mon amour à Mlle Émilie. Je ne sais pourquoi je n'osai pas; de son côté, elle me dit : J'ai un grand secret à vous apprendre... un secret d'où dépend le bonheur de toute ma vie... Je vous le dirai demain. Et moi j'ai pensé qu'elle voulait tout bonnement m'avouer son amour; et c'est pour cela que tout à l'heure, après l'avoir quittée, j'ai commencé cette lettre que je lui adressais, lorsque ta présence inattendue m'a rappelé tous mes torts!... Mais je te le répète, cette jeune personne m'avait tourné la tête!

— Assez, séducteur, assez!... Vous vous plaisez encore à enfoncer le poignard dans mon cœur. Vous ne m'aimez plus, nous nous séparerons.

— Ma chère amie, pardonne-moi... Emmène-moi avec toi..., Je ferai toutes tes volontés, pourvu que tu ne me quittes pas...

— Non! non!... Je vous abhorre, je vous déteste... Je veux divorcer.

M. Magnifique, pénétré de remords, et désespérant de fléchir sa femme, se met à pleurer, puis, voulant essuyer les larmes qui baignent son visage, prend son mouchoir dans sa poche et s'en essuie toute la figure. Mais ce mouchoir venait de la même poche où, dans son trouble, Dodore avait fourré l'écritoire; il s'ensuivit qu'en croyant s'essuyer le visage M. Magnifique se couvrit la figure d'encre, et que la grosse Églantine se trouva avoir un nègre à ses genoux.

Mme Magnifique pousse des cris terribles, car elle croit que dans son désespoir son mari vient d'essayer de se détruire avec du charbon; elle se jette dans ses bras, l'embrasse tendrement en s'écriant :

— C'est fini je te pardonne, pauvre Dodore! tout est oublié; mais ne fais plus de ces choses-là... Méchant! tu veux te suicider... tu t'es donc tiré un pistolet dans la figure... tu as mangé du charbon... ou tu as le sang tourné...... pauvre ami!... Cela prouve que le ciel punit toujours les maris infidèles... ce sont les remords qui auront produit cette révolution! Embrasse-moi encore, tout est oublié.

«M. Magnifique ne comprend rien à ce que lui dit sa femme, jusqu'à ce qu'une glace lui ait fait voir sa figure. Mais alors l'écritoire qu'il sent dans sa poche explique sa métamorphose, et Mme Magnifique s'aperçoit qu'elle s'est alarmée à tort. Mais elle a pardonné et ne veut plus revenir sur ce qu'elle vient de dire. Pendant que son mari s'occupe à se débarbouiller, elle se hâte de rassembler ses effets. Elle fait venir la maîtresse de l'hôtel, la paye, demande un fiacre, y monte avec Dodore, et l'emmène au *Plat-d'Étain*, sans lui laisser le temps de se reconnaître.

Il fallait agir ainsi avec un homme faible comme M. Magnifique, car l'image de la jeune fleuriste n'était point entièrement effacée de son cœur; il soupirait même en songeant à la jeune fille; mais sa femme était là, et il lui obéissait.

Madame Magnifique voudrait pouvoir quitter Paris à l'instant même avec son époux; mais la journée est avancée, et ce n'est que le lendemain qu'ils pourront partir pour Orléans. Avant cela, la grosse dame attend la visite de M. Monmorand, car elle est curieuse de connaître le résultat de la démarche dont elle l'a chargé.

Pendant que les deux époux se réconciliaient, le vieux monsieur avait commencé par entrer dans un café, où il s'était reposé trois heures. Se sentant alors en état de se remettre en marche, il retourne au faubourg Saint-Denis en se disant :

— Finissons-en avec ma protégée, car je crois que je ne serai tranquille qu'après son départ pour Orléans.

M. Monmorand est arrivé devant la maison où est entrée la jeune personne qu'il a suivie le matin. Mais là il s'arrête, et fait les réflexions suivantes :

— Qu'est-ce que je vais faire?.., me présenter chez une personne que je ne connais pas... lui dire qu'elle détourne un mari de son ménage... C'est très délicat... Je ne sais pas seulement le nom de cette demoiselle... Si je pouvais prendre des informations... J'ai là une commission fort embarrassante; cette jeune femme peut me dire *Quid feci tibi?* pour que vous vous mêliez de mes affaires; *nescio vos!* et me fermer la porte au nez.

M. Monmorand se promenait dans la rue en se disant cela, quand tout à coup une voix lui crie :

— Eh bien! vous voilà dans mon quartier?. Comme on se retrouve!... Entrez donc... vous prendrez bien un petit verre.

C'était l'épicier que vous connaissez, qui était à la porte de sa boutique, laquelle tenait justement à la maison où avait affaire M. Monmorand. Celui-ci reconnaît le petit homme qui l'a aidé à laisser tomber sa protégée à terre, mais il pense que sa rencontre est un coup de la Providence; il s'approche de l'épicier :

— Bonjour, monsieur... Vous demeurez donc dans ce quartier?

— Sans doute, puisque voilà ma boutique. Entrez donc... vous prendrez un petit verre...

— Je vous remercie... je n'en ai pas l'habitude... Mais puisque j'ai le plaisir de vous rencontrer, je vous demanderai quelques renseignements sur...

— Entrez donc, nous causerons dans l'arrière boutique... en prenant un petit verre.

Le vieux monsieur se décida à entrer; l'épicier le fait passer dans son arrière-boutique et lui dit :

— Qu'est-ce que vous aimez? le doux ou le raide?

— J'ai eu l'honneur de vous dire que je ne prendrai rien; je voudrais vous demander...

— Je vas vous chercher de l'huile de noyau, vous m'en direz des nouvelles...

L'épicier laisse Monmorand pour aller chercher de la liqueur, et le vieux monsieur sent bien qu'il ne pourra pas esquiver l'huile de noyau s'il veut qu'on réponde à ses questions.

La liqueur étant apportée et versée, après que M. Monmorand a mouillé ses lèvres, il dit :

— Vous avez dans cette maison une jeune personne... assez jolie... figure distinguée... un peu pâle... dix-huit à vingt ans, je pense...

— Sa fille!... vous, sa fille, chère enfant...

L'épicier sourit en répondant : — Oui... oui... nous avons ça... Diable, il paraît que vous êtes un amateur!... Mais celle-là n'est pas si lourde au moins que celle que vous m'avez fait porter rue des Maçons... Ah! Dieu! quelle montagne! J'en ai une courbature.

— Veuillez me dire ce que c'est que cette jeune personne, ce qu'elle fait... Je suis chargé près d'elle d'une commission bien délicate, et...

— Buvez donc, vous ne buvez pas... Est-ce que vous ne la trouvez pas bonne, ma liqueur?

— Parfaite! Cette jeune personne?

— Ce doit être mamzelle Émilie, une fleuriste qui reste au troisième.

— Elle demeure seule?

— Oui, elle n'a plus de parents, à ce qu'il paraît; mais c'est sage... rangé... ça travaille toute la journée, enfin c'est honnête... du moins ça en a l'air.

— C'est juste; mais quelquefois *latet anguis in herbâ!*

— Ah! certainement... certainement! c'est ce que je me dis aussi... *Ludovico magno...* toto carabo, la porte Saint-Denis!

— Je vous remercie toujours de ce que vous m'avez appris; vous n'en savez pas davantage?

— Ma foi non!

— Je vais monter chez cette demoiselle... Au troisième, m'avez-vous dit?

— Oui; mais attendez donc... vous êtes bien

pressé ; on ne s'en va pas sur une jambe !... Vous allez prendre du rhum... du vieux.

— Je ne prendrai rien de plus. Ma mission est urgente, permettez-moi de la remplir. Il s'agit du bonheur de deux époux, je dois me hâter... *Vita brevis!* Vous me comprenez !

— Ah ! c'est différent, répond l'épicier, qui veut avoir l'air de comprendre. Alors je ne vous retiens plus... *Ludovico*... carabo... Au plaisir de vous revoir.

M. Monmorand a quitté la boutique d'épicerie ; il monte au troisième, sonne ; on lui ouvre ; il reconnaît la jeune personne qu'il a vue le matin. Elle le fait entrer, lui présente une chaise et lui demande ce qu'il désire.

Les manières décentes, l'air modeste de cette jeune fille, tout prévint en sa faveur, et le vieux monsieur n'en est que plus embarrassé pour lui expliquer le sujet de sa visite. Il se retourne sur sa chaise, s'appuie sur sa canne, et murmure enfin :

— Mademoiselle, je vous demande bien pardon, mais plus je vous considère et moins j'ose vous expliquer ce qui m'amène...

— Pourquoi donc cela, monsieur ? Un homme qui a l'air aussi respectable que vous ne peut avoir à me dire des choses que je ne doive pas entendre.

M. Monmorand s'incline, tire sa tabatière et la présente à la jeune fille, qui lui dit en souriant :

— Je vous remercie, monsieur, je n'en prends pas...

— Ah ! pardon.

— Mais vous avez à me parler ?

— Oui, mademoiselle.

— J'attends, monsieur.

— Alors je vais aller au fait. Aujourd'hui, mademoiselle, vous êtes sortie, vous avez été dans le jardin du Palais-Royal, et vous donniez le bras à un monsieur ?

— Cela est vrai.

— Ce monsieur... vous ignorez peut-être qu'il n'est pas libre, mademoiselle, qu'il est marié, qu'il habite Orléans, et que sa femme attend impatiemment son retour ?...

— Je sais tout cela, monsieur.

— Vous le savez, et vous sortez avec lui, et vous le recevez chez vous !... Ah ! mademoiselle, en vous voyant, on ne croirait jamais que...

— Arrêtez, monsieur... ne me jugez pas avant de savoir quels motifs m'ont fait agir. Oui, j'ai reçu chez moi M. Magnifique, je l'ai reçu avec joie !... Mais vous, qui venez me questionner, puis-je savoir quel intérêt ?...

— Celui d'une femme dont vous faites le malheur, mademoiselle, l'épouse de M. Magnifique, qui est arrivée à Paris pour y chercher son mari, et qui l'a vu ce matin vous tenant sous son bras ? Sans moi, je ne vous cache pas qu'une scène violente aurait eu lieu... Une épouse abandonnée voulait vous accabler de reproches...

— Je ne les mérite pas, monsieur... Mais les apparences... Mon Dieu ! je ne croyais mal faire ! Oh ! non... Mais faire couler les larmes d'une épouse... ah ! j'en suis désolée... Cependant, monsieur... moi aussi j'ai droit à la tendresse de celui avec qui l'on m'a rencontrée... Moi aussi je voudrais qu'il m'aimât, car ce monsieur... c'est mon père !...

— Votre père, mademoiselle ! s'écrie Monmorand en rapprochant sa chaise de la jeune Émilie dont les yeux se sont remplis de larmes. Votre père... il se pourrait !...

— Oui, monsieur... je dois vous faire cet aveu, à vous qui êtes envoyé près de moi par une épouse qui me croit sa rivale. Oui, il y a vingt ans, ma mère fut aimée par M. Magnifique... il l'abandonna ensuite ; il quitta Paris et n'y revint plus consoler ma pauvre mère. Elle m'éleva et m'apprit le nom de celui auquel je devais le jour. Quelquefois elle me disait : « Si jamais le hasard te fait rencontrer ton père, aime-le comme je l'aimais, et tâche qu'il ait un peu pour toi de la tendresse qu'il m'a refusée. » Ma mère est morte il y a quatre ans. Je suis seule ; je n'ai au monde ni parents ni amis. Jugez, monsieur, de ma surprise, de mon saisissement, quand, dernièrement, au spectacle, j'entendis nommer M. Théodore Magnifique !... Ces noms-là étaient depuis longtemps gravés dans mon cœur. Mes regards s'attachèrent sur mon père, il le remarqua ; il me parla... et pour la première fois je me trouvai bien heureuse... Je n'ai pas besoin de vous dire que je fus la première à l'engager à venir me voir... Depuis trois semaines je me suis appliquée à lui inspirer un peu d'attachement... car au moment où je lui eusse dit : « Je suis votre fille ?... » j'aurais voulu être certaine qu'il ne me repousserait pas !

— Sa fille !... vous, sa fille, chère enfant... Ah ! pardonnez, mademoiselle ; mais je suis si satisfait, si heureux de ce que j'entends !... Voulez-vous me permettre de vous baiser la main ?

Et le vieux monsieur baise respectueusement la main de la jeune Émilie ; puis il prend son chapeau, se lève et dit :

— Je cours retrouver madame Magnifique.

— Que voulez-vous donc faire, monsieur ?

— Lui apprendre la vérité. Oh ! elle sera heureuse aussi en sachant que vous n'êtes point sa rivale !

— Est-ce que vous espérez qu'elle m'aimera un peu, monsieur ?

— Si je l'espère!... j'en suis sûr... les femmes passent si facilement de la haine à l'amour!... C'est même un sujet que je traiterai quand je serai de l'Académie. Au revoir; avant peu vous aurez de mes nouvelles.

M. Monmorand, oubliant sa fatigue, double le pas, et arrive bientôt au *Plat-d'Etain*. Madame Magnifique y était déjà avec son mari, qu'elle ne quittait pas d'une minute. Cependant on lui apprend que le vieux monsieur avec qui elle se promenait toute la journée désire lui parler en secret. Elle se rend près de lui; alors M. Monmorand lui fait part du secret qu'il vient d'apprendre.

— Sa fille s'écrie la grosse dame; ce serait sa fille!... Chère enfant!... il se pourrait!... Ce pauvre Dodore! son amour était innocent; c'était son cœur paternel qui parlait à son insu! Ah! ce sera notre fille, notre enfant à tous deux.

Et dans sa joie, madame Magnifique saute dans la chambre de manière à faire craquer le plancher; mais bientôt elle prend son châle, son chapeau et le bras de son vieil ami, qu'elle fait presque courir dans la rue pour être plus tôt chez la jeune Émilie.

Madame Magnifique commence par sauter au cou de celle qu'elle nomme déjà sa fille; puis elle s'écrie en la montrant à Monmorand :

— Est-elle jolie! Quels yeux! quelle bouche! quel teint!... Charmante enfant!... viens; désormais tu ne nous quitteras plus.

Émilie, encore tout étourdie de ce qui lui arrive, n'a que le temps de prendre ses papiers et les lettres de sa mère pour prouver qu'elle n'en a point imposé; on l'entraîne, on la conduit sur-le-champ à l'hôtel où est resté Dodore, qui fait un saut en arrière en apercevant la jeune fille que sa femme elle-même lui présente.

— Tu peux l'aimer sans remords, l'aimer d'un amour pur, vertueux, dit madame Magnifique; car c'est ta fille, et dès ce moment je la regarde comme la mienne.

Dodore ne sait s'il doit en croire ses oreilles; mais quelques mots l'ont bientôt mis au fait. Alors il presse Émilie dans ses bras en lui disant :

— Mon cœur avait deviné que tu étais mon enfant.

Le lendemain, la famille Magnifique, composée alors de trois personnes, monte en voiture pour Orléans, et le vieux Monmorand, qui était venu leur faire ses adieux, embrassait sur le front la charmante Émilie.

— Venez nous voir à Orléans, dit M. Magnifique en serrant la main au vieux monsieur.

— J'irai... j'irai certainement... dès que je serai de l'Académie.

— Nous y comptons, dit à son tour la grosse dame. Quant à moi, je n'oublierai pas ce que je vous dois... mon estimable Montorrent.

— C'est Monmorand qu'il faut dire! répond le vieux monsieur en regardant la voiture s'éloigner.

FIN D'UN MARI PERDU

TABLE DES MATIÈRES

Chapitres		Pages.	Chapitres		Pages.
Chapitres	I. Un homme très sensible	1	Chapitres	VI. Trop vieux	16
—	II. Un homme à marier	6	—	VII. Trop bête	22
—	III. Une demande	8	—	VIII. Chez le traiteur	28
—	IV. Trop pauvre	12	—	IX. M. Frontin	35
—	V. Trop laid	14	UN MARI PERDU		

FIN DE LA TABLE DES MATIÈRES.

Reliure serrée

Texte détérioré — reliure défectueuse

NF Z 43-120-11

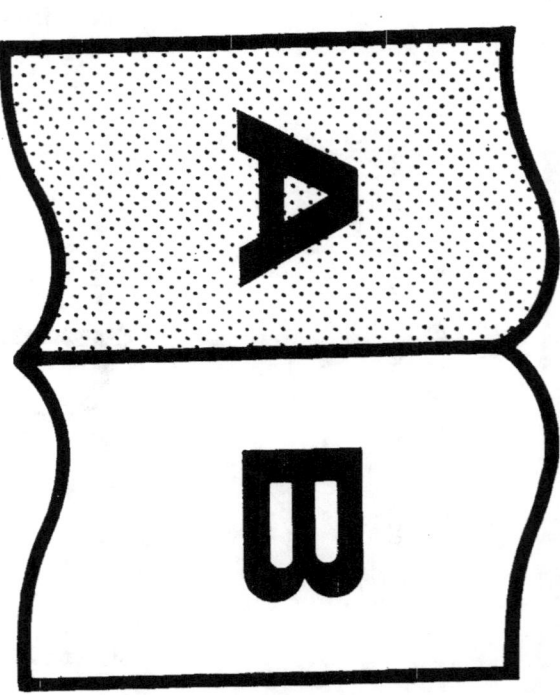

Contraste insuffisant
NF Z 43-120-14

Original en couleur
NF Z 43-120-8

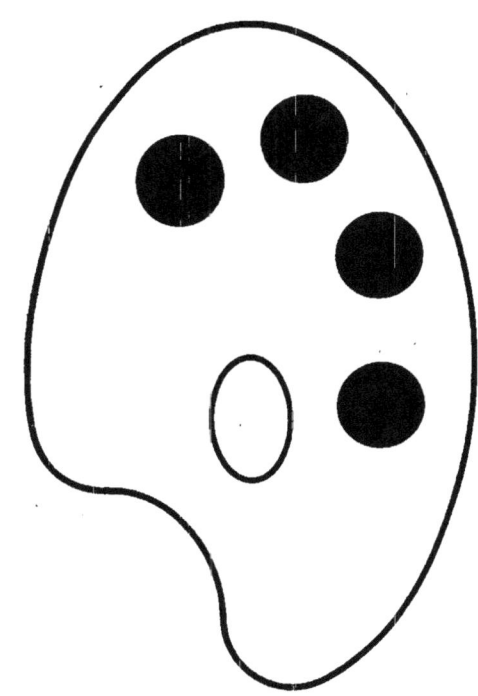

www.ingramcontent.com/pod-product-compliance
Lightning Source LLC
LaVergne TN
LVHW021002090426
835512LV00009B/2025